붓다와 청년의 대화

붓다와 청년의 대화

· 벗어남의 희열에 대하여 ·

역해 — 감비라냐나

민족사

책을 내면서

::

제가 마하보디선원으로 거처를 옮긴 지 한 해가 되어 갑니다. 어지러운 도량을 정리하는 일이 급선무라 올 한 해는 매우 분주하게 지나간 것 같습니다. 덕분에 선원의 겉모습이 정돈되어, 차분하고 고즈넉한 수행 도량의 품격이 조금이나마 느껴짐을 다행으로 여깁니다. 이 모든 것은 마하보디선원을 그 동안 소중히 생각해 온 분들의 공덕이 모아진 것이라고 생각합니다.

선원에 머물면서 세존의 말씀을 전하는 방법의 일환으로 빨리어 경전을 새로이 우리말로 번역하고 해설을 덧붙

여서 선원의 인터넷 카페에 올리기 시작했습니다. 세존의 원음을 직접 접하고자 하는 바램을 가지고 스리랑카와 미얀마에서 5년간 공부와 수행을 하면서, 저는 제가 알게 된 것을 우리나라 불자들에게도 전하고 싶은 마음이 간절했습니다. 왜냐하면 저 자신의 경험에 비추어 볼 때, 우리나라 불자들이 원음에 목말라 하는 심정을 누구보다도 잘 알고 있기 때문입니다. 귀국한 지 2년이 지난 지금, 그동안 인터넷 카페에 올렸던 글들을 모으고 보완해서 이제 한 권의 책으로 내게 되었습니다. 이 책은 『맛지마 니까야』의 「수바경(M 99)」 전문 번역, 그리고 저의 해설로 이루어져 있습니다. 내용의 흐름에서 보완이 필요한 부분은 다른 경전들을 가져와서 내용의 완결을 도모하였습니다.

이 책의 구성은 다음과 같습니다. 1장과 2장에는 바라문의 실천에 대한 수바의 질문, 그리고 이에 대한 세존의 비판이 담겨 있습니다. 이어서 세존께서는 바른 실천 및 높은 마음의 계발에 대하여 단계적으로 설하시는데, 3장에서는 감각적 욕망으로부터의 벗어남, 4장에서는 선정, 5

장에서는 보시와 자애를 설명하십니다.

경전의 해설에서 제가 염두에 둔 키워드는 '연결'로서, 다음의 네 가지 측면에서 연결을 시도하였습니다. 첫째, 교학과 수행 간의 연결입니다. 교학과 수행 중 어느 하나만으로는 부처님의 가르침을 바르게 실천할 수 없습니다. 그럼에도 불구하고 오늘날 그 중 어느 한 쪽에만 치우치는 경향이 있음을 부인할 수 없습니다. 이러한 현실을 염려하면서, 이 책은 경전에 관한 것임에도 불구하고 수행과의 연결을 유지하기 위하여 노력했습니다.

둘째, 출가의 삶과 재가의 삶 간의 연결입니다. 우리나라의 불교계는 부처님의 원 뜻과는 다르게 출가자와 재가자가 별개의 집단으로 자리매김하고 있습니다. 그러나 세존께서는 「수바경」의 시작에서부터 출가자인가 재가자인가가 중요한 것이 아니고 바른 실천이 중요하다는 것을 강조하십니다. 저는 이런 관점이 출가자와 재가자의 연결과 통합을 가능케 하는 기반이 될 수 있다고 보았습니다.

셋째, 2500년 전 인도 사회와 현대 한국 사회 간의 연결입니다. 경전이 부처님 당시의 사회적 상황의 소산인 것은 사실이지만, 21세기를 사는 우리의 삶과 연결되지 않는다면 화석과 다를 바가 없을 것입니다. 이 책에서는 세존께서 가르치신 바른 실천, 특히 감각적 욕망의 벗어남, 선정, 보시와 자애가 오늘날 우리의 삶에 어떤 의미를 가지는지에 대한 좌표를 제시하기 위하여 노력했습니다.

넷째, 우리 사회에서의 계층 간 및 세대 간의 연결입니다. 저는 「수바경」에서 세존께서 바라문 청년 수바에게 희열과 자애에 관해서 설명하신 내용이 이제껏 경전에서 보아왔던 표현방식과 다르다는 것, 그리고 상대에 따라 세존께서 다양한 화법과 표현을 사용하신다는 것에 감탄을 금할 수 없었습니다. 이는 수바가 청년이라는 점과 무관하지 않다고 생각됩니다. 세존의 이러한 다양한 접근 방식은 한국사회의 세대 간 및 계층 간 단절을 극복하여 서로를 연결시킬 지혜로운 방법에 대한 단초를 제공할 수 있다고 보았습니다.

이 책을 쓰면서, 이미 안다고 생각했던 내용이 새로운 앎으로 다가올 때 느꼈던 기쁨을 잊을 수 없습니다. 우선 선정의 희열을 연료 없이 타오르는 불꽃에 비유한 세존의 가르침에 접했을 때, 저는 벗어남과 탈속의 진정한 의미를 다시 한 번 되새기면서 출가 시의 각오를 새삼 다질 수 있었습니다. 또한 바라문들에 대해서도, 그들을 허위와 형식에 물든 자로만 볼 수 없고 당시의 부조리를 변화시키려는 다양한 모습을 가지고 있었다는 것을 새롭게 알 수 있었고, 그들을 좀 더 실천적이고 심층적으로 볼 수 있는 기회가 되었습니다.

제가 이 책을 쓰면서 주의한 점은 빨리어의 정확한 번역입니다. 빨리어의 어휘를 우리말로 정확히 옮기기가 매우 어렵기에 기존의 번역서들과 일일이 대조하였고, 이들과 다르게 저만의 관점으로 번역한 곳이 여러 군데 있습니다. 이런 부분에서는 빨리어의 문법적 설명과 함께 제가 왜 기존의 책들과 다르게 번역했는지를 설명했습니다. 저로서는 최선을 다하였지만, 잘못된 번역은 온전히 저의 책임입니다. 이에 독자들의 많은 관심과 질정을 바랍니다.

어려운 출판계 사정에도 불구하고 선뜻 이 책을 출간해 준 민족사에 감사드립니다. 그리고 책을 쓰는 데 아낌없는 지원을 해 주신 마하보디선원 운영위원 여러분들, 그리고 내용의 퇴고에 많은 시간을 할애해 주신 분들께 감사의 말씀을 전합니다. 책의 내용에 대한 의견이나 질문은 다음(www.daum.net)의 마하보디선원 카페 게시판을 이용해 주시기 바랍니다.

2020. 1. 11.

마하보디선원 북성굴에서

감비라냐나(U Gambhīrañāṇa) 씀

차례

::

일러두기

::

1_ 본문에서 경전이라 칭하는 경우 니까야를 뜻합니다. 모든 경전(三藏, Tipiṭaka)은 PTS본 기준입니다. 주석서(Aṭṭhakathā), 복주서(Ṭīka)는 모두 미얀마 6차 결집본입니다. 두 본이 다른 이유는 편집의 용이성 때문입니다. 국내나 국외의 경전 번역서를 인용한 것은 따로 표시하였습니다

예) Miii, p.123은 맛지마 니까야 제3권 123쪽의 내용임을 나타냅니다.

2_ 본문의 모든 술어는 정착된 불교용어를 우선하였습니다. 해당 술어의 이해를 돕기 위해 처음 나오는 곳에는 빨리어를 병기하고 만약 통용화된 한문 술어가 있는 경우에는 이를 병기하였습니다. 경우에 따라 영어 표현도 병기하였습니다.

3_ 빨리어 발음은 스리랑카의 원발음 그대로 표기하였습니다. 예를 들어 'vitakka'에서 자음이 겹치는 'kk'의 경우, 앞의 'k'는 앞글자의 받침으로 뒤의 'k'는 뒷글자의 첫음으로 표기하였습니다. 그래서 'vitakka'는 '위딱까'로, 'vipassāna'는 '위빳사나' 등으로 표기하였습니다.

4_ 미주는 인용 경전 출처와 본문 내용의 이해를 돕기 위하여 보충 해설이 필요한 경우 표시하였습니다. 주로 빨리어 술어의 어원과 의미, 견해의 대립을 서술하였습니다.

5_ 책 내용에 대한 의견과 질문은 '다음 마하보디선원 http://cafe.daum.net/korea-mahabodhi'의 게시판을 이용해 주십시오.

약어

A	Aṅguttara Nikāya
Dhp	Dhammapāda
D	Digha Nikāya
M	Majjhima Nikāya
MA	Majjhima Nikāya Aṭṭhakathā
S	Samyutta Nikāya
Sn	Sutta Nipāta
Tha	Theragātha
Mil	Milindapañho
Vbh	Vibhaṅga
Paṭi	Paṭisambhidāmagga
Vism	Visuddhimagga
Vin	Vinaya Piṭaka
BPS	Buddhist Publication Society of Kandy, SriLanka
PED	Pali-English Dictionary (Pali Text Society)
PTS	Pali Text Society
EB	Encyclopedia of Buddhism(The Department of Buddhist Affairs Ministry of Buddhasasana, Sri Lanka)

1

바라문의 실천

1) 바라문이란

이와 같이 나는 들었다. 한때 세존께서 사왓티의 제따와나에 있는 아나타삔디까 사원에 계셨다. 그때에 또데야의 아들 바라문 청년 수바는 무언가 볼일이 있어 사왓티의 어떤 집에 머물고 있었다. 또데야의 아들 바라문 청년 수바는 자신이 거처하는 집의 주인인 장자에게 이와 같이 말했다.

"장자여, 나는 사왓티에 거룩한 분이 없지 않다고 들었습니다. 오늘 어떤 사문이나 바라문을 찾아 공경을 표하는 것이 어떻겠습니까?"

"수바님, 세존께서 사왓티 시의 제따와나에 있는 아나타삔디까 사원에 계십니다. 수바님, 그분 세존을 찾아 공경을 표하십시오."

인도의 바라문

이천오백 년 전 인도 사회는 진리 탐구와 제사를 주로 담당하는 바라문 계층을 정점으로 하여, 크샤트리야, 바이샤, 수드라의 네 계급 사회로 구성되었습니다. 이런 사회 구성은 출생에 따른 차별을 통한 엄격한 계급 구분임과 동시에 각 구성원의 역할에 따른 구분이기도 하였습니다. 현대사회는 당시와 같은 엄격한 계급 구분은 없지만 사회구성원의 역할 구분은 존재합니다. 또한 출생이 아니라 경제력이나 학력, 나이, 사회적 지위에 따른 집단 간 차이 혹은 계층이 존재합니다. 그런 면에서 볼 때 사회 최상계층인 바라문들을 중심으로 경전을 살펴보고 세존께서 이들에게 어떻게 대응했는가를 알아보는 것은 현대 사회에서 더욱 심화되고 있는 계층 간의 갈등 해결에 도움을 줄 수 있다고 생각됩니다. 이 책을 그런 작업의 일환으로 쓰게 되었습니다.

경전에는 바라문들이 스스로를 묘사할 때 흔히 쓰는 정형구가 있는데 이것은 당시 인도의 바라문 계층을 이해하는 데 도움이 됩니다.

> **바라문들만이 최상의 계급이고 밝은 계급이고 청정하고 범천의 아들이고 직계 자손이고 범천의 입에서 태어났고 범천이 만들었고 범천의 상속자들이다. 우리들은 베다를 공부하고 만뜨라를 호지하며 어휘와 제사와 음운과 어원에 능숙한 이들이다.**

이런 바라문들의 고정된 관념에 대해 세존께서는 세 가지 명지를 갖추고 윤회에서 벗어난 이를 진정한 바라문이라 합니다. 이러한 주장과 설명은 여러 경전들에서 서술되고 있는데 바라문 청년 와셋타와 바라드와자의 대화를 담은 『수따니빠타』의 「와셋타경」이 대표적입니다. 「와셋타경」은 『맛지마 니까야』에도 똑같은 내용이 있습니다. 이 경은 당시 바라문 계층을 이해하는 데 중요한 경전이므로 이 책의 말미에 첨부하였습니다.

경전에는 지식의 전수와 제사나 의식 등의 전통적인 역할을 하는 바라문들 외에 다양한 직업에 종사하는 바라문들이 등장합니다. 먼저 재가자들을 들 수 있는데, 마가다국의 대신 왓사까라, 까시 바라드와자, 살레야 마을의 장자들 그리고 웨란자의 장자들이 있습니다. 장자의 의미는 재가에서 집을 소유하며 가정을 이루어 산다는 뜻입니다.

두 번째로, 이들 바라문들이 가정을 떠나 유행을 하며 수행을 하는 부류가 있습니다. 이들을 경전에서는 보통 유행승이라고 합니다. 그 예로서 세존을 만나 대화를 나누었던 사리뿟따의 조카 디가나카가 있습니다. 물론 유행승 중에는 바라문 계층이 아닌 다른 계층의 사람들도 많습니다.

세 번째로, 바라문으로서 장자 또는 유행승이었지만, 세존의 가르침을 듣고 출가하여 승가의 일원이 된 사람들이 있습니다. 이들은 보통 '사문'이라고 불리었습니다. 그 중에

왕기사, 사리뿟따, 마하 목갈라나, 깟짜야나 존자 등이 있습니다.

또데야의 아들 수바

바라문 수바는 또데야의 아들(Todeyyaputta)로 그에 관한 이야기는 경전 곳곳에 등장하고 있는데, 『맛지마 니까야』의 「수바경(subhasutta; M99)」, 「업 분석의 작은 경(cūḷakammavibhaṅgasutta; M135)」, 『디가 니까야』의 「수바경(subhasutta; D10)」이 있습니다.[1)]

또데야(Todeyya)는 경전에서 당시 유명한 바라문들 즉 짱끼(Cankī), 따룩카(Tārukkha), 뽁카라사띠(Pokkharasāti) 등과 함께 언급되는 경우가 많습니다. 또데야라는 이름은 뚜디라는 마을(Tudigāma)에 살고 있었기 때문에 붙여진 이름입니다. 수바의 아버지인 또데야는 꼬살라국의 빠세나디왕의 대신으로 당시 엄청난 부자였지만 매우 인색한 사람이었습니다. 그는 죽은 후 재산에 대한 미련이 남아서 자신의 집의 개로 태어났으며, 그 개는 그의 아들 수바의 귀여

움을 받습니다.

어느 날 세존께서 수바의 집을 방문했을 때, 개가 세존을 보고 짖었습니다. 세존께서 그 개를 보시고는 '또데야' 라고 부르자, 그 소리를 들은 개가 자신이 생전에 쓰던 침상 위로 올라가 앉았습니다. 이 모습을 지켜본 수바는 세존께서 자신의 개를 자기 부친의 이름으로 부른 것에 대해 한편으로는 화가 나고 또 한편으로는 개가 부친이 쓰던 침상 위로 올라간 것에 대해 궁금히기도 하여 그 이유를 여쭈었습니다. 세존께서는 그 개가 수바의 아버지였고 자신의 숨겨둔 재산에 미련이 남아서 개로 태어나 그 재물을 지키는 것이라고 설명해 주었습니다. 그리고 세존께서는 수바의 부친인 또데야가 죽기 전에 집안에 숨겨둔 보물의 위치를 가르쳐 주었고 그 곳을 파보자 과연 재물이 묻혀 있었습니다.

경전의 호칭의 문제

경전에 흔히 나오는 호칭 문제를 간략히 언급하고자 합

니다. 당시 바라문들은 타 계층 출신들을 업신여기는 경향이 있었는데 이것이 호칭으로 나타납니다. 부처님을 대하는 태도도 이 호칭으로부터 부각되는 경우가 많습니다.

니까야에 의하면, 부처님께서 당신 스스로를 말씀하실 땐 보통 '여래(tathāgatha)'로 칭하십니다. 제자들은 일반적으로 큰 존경을 담아서 '세존(bhagavā)'이라고 칭합니다. 제자들의 경우 좀 더 친근한 일반적 표현인 '스승님(bhante)'이라고 부르기도 합니다. 이것은 「수바경」 본문에서도 사왓티의 장자가 수바를 부르는 호칭으로도 쓰입니다. 그 외 외도들 특히 바라문들이 부처님을 부를 때 '사꺄족의 고따마'로 출신 종족으로 부르는 경우가 많은데 이것은 평범하게 부르는 경우입니다. 한편 '유행자'와 달리 특별히 집을 떠나 집 없는 곳으로 간 출가자라는 의미로 '사문 고따마'로 부르는 경우는 세속생활을 떠난 수행자라는 의미의 호칭이며 세존의 제자들의 모임인 '승가'의 일원을 강조하는 표현입니다.

이 경전 「수바경」에서는 '존경하는 고따마님(bho gotama)'으로 부르고 있습니다. 'bho'는 'bhavanta'의 호격으로 흔히 자신보다 웃어른이나 스승을 칭할 때 존경을 담아 쓰는 호칭입니다. 『디가 니까야』의 「암밧타경(ambaṭṭha sutta; D3)」에서 바라문 뽁카라사띠의 제자인 암밧타가 스승을 부를 때도 이 호칭을 씁니다.

그러나 거기에 '바라드와자', '짱끼' 등의 족성을 같이 넣어 부르지는 않습니다. 이렇게 암밧타가 세존께 "고따마여"라고 족성을 함께 호칭하는 것은 세존이 자신의 바라문들 계급과는 다름을 염두에 두고 있음을 보여줍니다.

이런 태도는 「암밧타경」에서 바라문 청년 암밧타가 세존을 대하는 태도에서 확연히 알 수 있습니다. 암밧타는 세존을 처음 만났을 때 자신은 선 채로 앉아 있는 세존과 대화를 나누었습니다. 이에 대해 세존께서 바라문 스승들과 대화를 할 때에도 이렇게 행동하느냐고 묻자 "고따마여, 머리 깎은 사문, 비천하고 검은 종족은 범천의 발에서 태어난 자들입니다. 내가 그들과 대화를 할 때는 지금 고따마에게 하듯이 그렇게 합니다."라고 대답합니다.

바라문들도 부처님께 귀의하고 출가하여 사문이 되면 '세존' 또는 '스승님'으로 부릅니다.

수바에 대한 호칭으로 '바라문 청년'으로 번역한 'māṇavo'는 '바라문 학도'로 번역하기도 하는데 바라문 가문 출신으로 아직 결혼하지 않고 스승 밑에서 학문과 기술을 연마하는 사람들을 칭합니다.[2)]

2) 바라문과 출가자의 실천

그래서 또데야의 아들 바라문 청년 수바는 그 장자에게 대답하고는 세존께서 계신 곳을 찾았다. 가까이 다가가서 세존께 인사를 드리고 서로 안부를 주고받은 뒤에 한쪽으로 물러앉았다. 한쪽으로 물러앉아 또데야의 아들 바라문 청년 수바는 세존께 이와 같이 말했다.

"존경하는 고따마님, 바라문들은 이와 같이 '재가자는 바른 방법(ñāyaṃ dhammaṃ kusalaṃ)을 얻지만(ārādhako), 출가자는 바른 방법을 얻지 못한다.'라고 말합니다. 이것에 대하여 존경하는 고따마님께서는 어떻게 말씀하십니까?"

"바라문 청년이여, 그것에 대해 나는 분별하여 말합니다(vibhajjavādo). 나는 그것에 대해 한가지로만 말하지 않습니다. 바라문 청년이여, 나는 재가자나 출가자의 바르지 않은 실천을 설명하지 않습니다.

바라문 청년이여, 재가자나 출가자가 바르지 않은 실천을 하면, 그 바르지 않은 실천을 함으로 인해 바른 방법을 성취하지 못합니다. 바라문 청년이여, 나는 재가자나 출가자의 바른 실천을 설명합니다. 바라무 청년이여, 재가자나 출가자가 바른 실천을 하면, 그 바른 실천을 원인으로 바른 방법을 성취합니다."

"존경하는 고따마님, 바라문들은 이와 같이 '재가자의 생활은(gharāvāsakammaṭṭhānaṃ) 번잡하고(mahaṭṭham), 많은 의무(mahākiccaṃ), 많은 업무(mahādhikaraṇaṃ), 많은 활동(mahāsamārambhaṃ)을 하므로 많은 결실이 있다. 그러나 출가자의 생활은 간소하고(appaṭṭhaṃ) 적은 의무, 적은 업무, 적은 활동을 하므로 적은 결실이 있다.'라고 말합니다. 이것에 대하여 존경하는 고따마님께서는 어떻게 말씀하십니까?”

“바라문 청년이여, 그것에 대해 나는 분별하여 말합니다. 나는 그것에 대해 한가지로만 말하지 않습니다. 바라문 청년이여, 생활이 번잡하고 많은 의무, 많은 업무, 많은 활동을 하더라도 바른 실천을 하지 않으면(vipajjamānaṃ) 결실이 적습니다. 바라문 청년이여, 생활이 번잡하고 많은 의무, 많은 업무, 많은 활동을 바르게 실천하면(sampajjamānaṃ) 결실이 많습니다.

바라문 청년이여, 생활이 간소하고 적은 의무, 적은 업무, 적은 활동을 바르게 실천하지 않으면 결실이 적습니다. 바라문 청년이여, 생활이 간소하고 적은 의무, 적은 업무, 적은 활동을 바르게 실천하면 결실이 많습니다.

바라문 청년이여, 생활이 번잡하고 많은 의무, 많은 업무, 많은 활동을 바르지 않게 실천하면 결실이 적다는 것은 어떠한 것입니까? 바라문 청년이여, 농부가 번잡하고 많은 의무, 많은 업무, 많은 활동을 바르지 않게 실천하면 결실이 적습니다.

바라문 청년이여, 생활이 번잡하고 많은 의무, 많은 업무, 많은 활동을 바르게 실천하면 결실이 많다는 것은 어떠한 것입니까? 바라문 청년이여, 농부가 번잡하고 많은 의무, 많은 업무, 많은 활동을 바르게 실천하면 결실이 많습니다.

바라문 청년이여, 생활이 간소하고 적은 의무, 적은 업무, 적은 활동을 바르지 않게 실천하면 결실이 적다는 것은 어떠한 것입니까? 바라문 청년이여, 상인이 간소하고, 적은 의무, 적은 업무, 적은 활동을 바르지 않게 실천하면 결실이 적습니다.

바라문 청년이여, 생활이 간소하고 적은 의무, 적은 업무, 적은 활동을 바르게 실천하면 결실이 많다는 것은 어떠한 것입니까? 바라문 청년이여, 상인이 간소하고, 적은 의무, 적은 업무, 적은 활동을 바르게 실천하면 결실이 많습니다.

이를테면, 바라문 청년이여, 농부가 번잡하고 많은 의무, 많은 업무, 많은 활동을 바르지 않게 실천하면 결실이 적듯이, 바라문 청년이여, 재가자의 생활이 번잡하고 많은 의무, 많은 업무, 많은 활동을 바르지 않게 실천하면 결실이 적습니다.

이를테면, 바라문 청년이여, 농부가 번잡하고 많은 의무, 많은 업무, 많은 활동을 바르게 실천하면 결실이 많듯이, 바라문 청년이여, 재가자의 생활이 번잡하고 많은 의무, 많은 업무, 많은 활동을 바르게 실천하면 결실이 많습니다.

이를테면, 바라문 청년이여, 상인이 간소하고, 적은 의무, 적은 업무, 적은 활동을 바르지 않게 실천하면 결실이 적듯이, 바라문 청년이여, 출가자의 생활도 간소하고, 적은 의무, 적은 업무, 적은 활동을 바르지 않게 실천하면 결실이 적습니다.

이를테면, 바라문 청년이여, 상인이 간소하고, 적은 의무, 적은 업무, 적은 활동을 바르게 실천하면 결실이 많듯이, 바라문 청년이여, 출가자의 생활도 간소하고, 적은 의무, 적은 업무, 적은 활동을 바르게 실천하면 많은 결실이 있습니다."

분별하여 대답함

이 경전 본문에서 '결실'로 번역한 단어는 'phala'입니다. 이는 과실, 열매를 뜻하는데, 비유적으로 과보로 번역되기도 하며 '과보'로 번역되는 'vipāka'와 혼란이 있습니다.[3] 'vipāka'는 vi+√pac로 분석되며 문자 그대로의 의미는 '과실, 결실'의 의미입니다. 동사 vipaccati는 '요리되다 또는 결실을 맺다'의 뜻입니다. 니까야에서 'vipāka'는 '행위의 결과' 더 구체적으로 '업(kamma)의 결과'의 의미입니다. 이런 의미에서 'vipāka'는 업과 분리해서 생각할 수 없습니다. 이 경전의 본문에서는 'phala'는 '결실' 또는 '결과'로 'vipāka'는 '과보'로 번역하였습니다.

바라문 청년 수바는 세존이 집에서 집 없는 곳으로 출가한 것을 빗대어 '출가자는 바른 방법을 얻지 못한다'라고 도발적인 질문을 하였습니다. 여기에서 수바가 말하는 재가자란 출가하지 않은 모든 사람들을 말하는 것이 아니라 바라문 계층을 말합니다.

바라문 청년 수바는 세존께 재가자의 삶과 출가자의 삶을 비교하여 출가자보다 자기네들이 더 우월하다는 자부심을 일부러 세존 앞에서 표현하는 것이라고 할 수 있습니다. 수바의 이런 도발적 질문에도 불구하고 세존께서는 이를 출가자 집단과 재가자 집단으로 일반화하여 대답하지 않습니다. 즉 바른 실천인가 아닌가 하는 것은 집단별로 구분할 수 있는 문제가 아니라 개인의 실천의 문제임을 분별해서 대답하였습니다.

이러한 설명 방법은 경전 곳곳에 나타나는데 이런 설명 방법으로 인해 부처님 반열반 후 승가가 나뉘어져 부파불교로 확장되면서 장로스님들의 전통을 잇는 부파인 '테라와다'를 이른바 '분별설부(Vibhajjavādin)'라고도 칭합니다.

바른 방법과 바른 실천

수바는 첫 번째 질문으로 '재가자와 출가자의 바른 방법(ñāyaṃ dhammaṃ kusala)을 얻음'에 대해 묻습니다. '바른 방법'으로 해석한 'ñāyaṃ dhammaṃ kusala'는 세 단어가 하나의 숙어처럼 쓰이는 정형구입니다. '냐야(ñāya)'는 산스크리트어 '냐야(nyāya)'에서 비롯된 단어로 'ni+√I;가다'로 분석됩니다. 여기에서 '바른 방법'이란 바른 실천(sammāpaṭipatti), 즉 선의 과정으로 인도됨(niyyānikaṃ kusalapaṭipada), 다시 말하면 열반으로 이끌려지는 올바른 실천입니다. 즉 이는 중도, 연기, 사성제와 팔정도를 의미합니다. 『앙굿따라 니까야』의 주석에서는 이 정형구를 '위빳사나와 함께하는 도'[4], 『맛지마 니까야』의 주석에서는 '행위와 결과를 흠 없음으로 요구되는 선한 법'[5], 『디가 니까야』의 주석에서는 'ñāya'를 '성스러운 팔정도'[6]로 해석하고 있습니다. 모두 '바른 방법'을 의미한다고 할 수 있습니다. 이 책에서는 이 정형구를 간단히 '바른 방법'으로 번역합니다. 흔히 독송되는 '삼귀의'의 정형구, 'ñāyappaṭipanno bhagavato sāvakasaṅgho'는 '바른 방법을 실천하는 세존의 제자들의 승가'의 의미입니다.

본문에서 '바르게 실천하다'로 번역한 'sampajjamāna'와 '바르지 않게 실천하다'로 번역한 'vipajjamāna'는 동사 'sampajjati'에 현재분사형 어미 'māna'가 붙었습니다. 'sampajjati'는 'saṃ + √pad + ya'로 분석되며, '√pad'는 'pajjati'로 '동작이 계속되다'의 의미입니다. 여기에 사역형 어미가 붙어 '동작하게 하다. 행위시키다.'의 의미로 쓰입니다. 'saṃ'은 긍정적 의미의 접두사로 행위가 긍정적으로 실행되었음을 의미합니다. 'saṃ'의 반대말은 'vi'입니다. 그러므로 'sampajjati'는 행위가 바르게 실행이 되었음을, 'vipajjati'는 행위가 바르게 실행이 되지 않았음을 의미합니다. 본문에서는 행위가 적절히 실행됨과 그렇지 않음을 의미하는 '바르게 실천하다'와 '바르지 않게 실천하다'로 번역하였습니다.

이 장에서는 수바경 본문에 들어가기 전의 사전 이해를 돕기 위하여, 먼저 바라문 계층에 대한 소개, 청년 수바의 가계, 그리고 바라문들의 세존에 대한 호칭 문제를 알아보았습니다. 이어서 청년 수바의 '재가자와 출가자의 바른 방법을 얻음'에 대한 질문, 그리고 이에 대한 세존의 바른 방법과 바른 실천에 대한 대답을 살펴보았습니다. 이어지는 2장에서 수바는 이에 승복하지 않고 바라문들이 바른 실천 수단을 갖고 있음을 주장하는데, 세존께서는 이에 대해 비판을 하십니다. 2장에서는 세존께서 어떤 관점에서 바라문들의 실천을 비판하시는지를 고찰하겠습니다.

2

•

바라문의 실천과 세존의 비판

1) 초월의 지혜

"존경하는 고따마님, 바라문들은 공덕을 짓고 선한 것을 성취하기 위한 다섯 가지의 법을 천명합니다(paññapenti)."

"바라문 청년이여, 바라문들은 공덕을 짓고 선한 것을 성취하기 위해 다섯 가지의 법을 천명한다고 했는데, 그대에게 지장이 되지 않는다면, 그 다섯 가지의 법을 이 대중들에게 말해 주면 좋겠습니다."

"존경하는 고따마님, 존자나 존자와 같은 사람들이 함께

있어도 제게 지장이 되지 않습니다."

"바라문 청년이여, 그렇다면, 말해 보십시오."

"존경하는 고따마님, 진리(sacca)가 바라문들이 공덕을 짓고 선한 것을 성취하기 위한 첫 번째의 법입니다.

존경하는 고따마님, 고행(tapa)이 바라문들이 공덕을 짓고 선한 것을 성취하기 위한 두 번째의 법입니다.

존경하는 고따마님, 청정범행(brahmacariya)이 바라문들이 공덕을 짓고 선한 것을 성취하기 위한 세 번째의 법입니다.

존경하는 고따마님, 성전을 독송하는 것(ajjhena)이 바라문들이 공덕을 짓고 선한 것을 성취하기 위한 네 번째의 법입니다.

존경하는 고따마님, 베풂(cāga)이 바라문들이 공덕을 짓고 선한 것을 성취하기 위한 다섯 번째의 법입니다.

존경하는 고따마님, 바라문들은 공덕을 짓고 선한 것을 성취하기 위한 이러한 다섯 가지의 법을 천명합니다. 존경하는 고따마님, 이것에 대해서는 어떻게 말씀하십니까?"

"바라문 청년이여, 바라문들 가운데 어떠한 한 명의 바라문이라도 '나는 이런 다섯 가지의 법을 스스로 초월의 지혜로 실현하여(sayaṃ abhiññā sacchikatvā) 결과를 선언한다.'라고 말한 적이 있습니까?"

"존경하는 고따마님, 없습니다."

"바라문 청년이여, 모든 바라문들의 스승이나 스승의 스승이나 이전 세대의 최고의 큰 스승 중에 단 한 분이라도 이와 같이 '이런 다섯 가지의 법을 스스로 초월의 지혜로 실현하여 결과를 선언한다.'라고 말한 적이 있습니까?"

"존경하는 고따마님, 없습니다."

"그렇다면 바라문 청년이여, 바라문들의 옛 선인들이 성전을 쓰고 전했는데, 지금의 바라문들은 그 성전이 외워지고 설해져서 모아진 것을 따라서 외우고 따라서 설하고, 다시 그 설해진 것을 따라서 설하고, 가르쳐진 것을 따라서 가르칩니다. 이를테면 앗타까, 바마까, 바마데와, 벳싸밋따, 야마딱기, 앙기라싸, 바라드와자, 바셋따, 깟싸빠, 바구와 같은 이들이라도 이와 같이 '이런 다섯 가지의 법을 스스로 초월의 지혜로 실현하여 결과를 선언한다.'라고 말한 적이 있습니까?"

"존경하는 고따마님, 없습니다."

"바라문 청년이여, 이처럼 모든 바라문들의 스승이나 스승의 스승이나 이전 세대의 최고의 큰 스승 중에 이와 같이 '이런 다섯 가지의 법을 스스로 초월의 지혜로 실현하여 결과를 선언한다.'라고 말한 분이 결코 없습니다.

바라문들의 스승이나 스승의 스승이나 이전 세대의 최고의 큰 스승 중에 단 한 분의 바라문이라도 이와 같이 '이런 다섯 가지의 법을 스스로 초월의 지혜로 실현하여 결과를 선언한다.'라고 말한 분이 결코 없습니다.

바라문들 가운데 옛 선인들이 성전을 쓰고 전했는데, 지금의 바라문들은 그 성전이 외워지고 설해져서 모아진 것을 따라서 외우고 따라서 설하고, 다시 그 설해진 것을 따라서 설하고, 가르쳐진 것을 따라서 가르칩니다. 이를테면, 앗타까, 바마까, 바마데와, 벳싸밋따, 야마딱기, 앙기라싸, 바라드와자, 바셋따, 깟싸빠, 바구와 같은 이들이라도 '이런 다섯 가지의 법을 스스로 초월의 지혜로 실현하여 결과를 선언한다.'라고 말한 적이 결코 없습니다."

앞서 수바의 '출가자는 바른 방법을 얻지 못한다'라는 도발적인 문제 제기에 대해 세존께서는 문제의 핵심이 출가자와 재가자의 문제가 아니라 실천의 문제임을 지적하셨습니다. 이에 대해 바라문 청년 수바는 승복하지 않고 바라문들이 다른 실천 수단을 가지고 있음을 바라문들의 다섯 가지 법을 통해서 말씀드리고 있습니다.

세존께서는 바라문들의 실천 방법들이 문제가 있다는 것을 언급한 것은 아니며 다만 이를 실천하여 더 높은 단계인 초월의 지혜로 실현한 바라문들이 없었음을 천명하고 계십니다. 실제로 바라문들이 공덕을 짓고 선한 것을 성취하기 위한 다섯 가지의 실천 방법은 불교의 바라밀과 유사합니다. 다섯 가지 실천 방법들 중 진리는 바라밀의 진리와 유사하고, 고행은 바라밀의 지계, 정진, 인욕과 유사합니다. 청정범행은 바라밀의 이욕과 유사하고, 성전 독송은 바라밀의 지혜와 유사하며, 베풂은 바라밀의 보시·자애·평온과 관련 있습니다.

그러나 사성제와 팔정도는 바라문들의 다섯 가지 실천 방법보다 체계적이고 세밀합니다. 사성제에서 세존께서는 괴로움의 내용부터 원인, 괴로움의 소멸, 그리고 괴로움을 소멸하는 방법인 여덟 가지 성스러운 방법까지 체계적으로 설명하지만 바라문들의 실천 방법에는 이러한 것들이 빠져 있습니다. 특히 초월의 지혜의 실현방법이 포함되어 있지 않습니다. 세존께서는 바라문들의 실천 방법이 초월의 지혜의 실현에 현실적으로 도움이 되지 않음을 직접적으로 말씀하십니다.

그러므로 이 책에서는 '초월의 지혜의 실현'에 대하여 설명하고자 합니다. 이를 위해 첫째, 실천의 전제가 되는 '앎 또는 인식'에 대하여 설명하겠습니다. 둘째, 초월의 지혜와 통달지에 대해서 알아보겠습니다. 마지막으로 초월의 지혜의 실현을 고찰하고자 합니다. 다만 다섯 번째 법인 베풂(cāga)은 「수바경」의 후반부에 '원한 없고 적의 없는 마음'과 관련하여 한 번 더 언급되므로(p.121) 그 부분에서 설명을 하겠습니다.

앎(ñāṇa)

'아는 것' 또는 '앎'은 일어나는 현상을 아는 것으로 이것은 현상을 아는 '자(주체)', '대상(객체), '작용'으로 분리해서 고찰해 보아야 합니다.

첫째, 현상을 아는 '자'라는 것은 앎의 주체에 관한 것입니다. 보통 '내가 안다'라고 생각하지만 여기서 '나'라는 것은 실체가 아닌 관념적 존재입니다. 간단히 예를 들면 '내'가 본다라고 생각하지만 나의 '눈'으로 보는 것이며 나의 눈으로 본 것을 마음으로 '아는' 것입니다.

둘째, 앎의 '대상'에 관한 것은 '무엇을 아는 것인가'의 문제인데 '무엇'은 거친 물질부터 미세한 물질, 더 나아가 물질이 아닌 것까지 여러 영역에 걸쳐 있습니다. 그리고 아는 자는 감각 기관을 통해서 알 수 있는 대상을 넘어서 존재하는 미세한 영역의 물질까지 처음부터 알 수는 없습니다. 이것은 부단한 절제와 노력으로 얻어지는 것입니다. 그러나 불가능한 것은 아니기 때문에 차근차근 가장 잘 알 수 있는 거친 물질의 세계 즉 욕계의 영역, 감각적 욕망의 영역에 대해서 아는 것으로 시작해야 합니다.

셋째, 이런 대상을 아는 작용은 아는 주체와 객체에 따라 각각 다양하게 쓰입니다. 가장 일반적인 것은 '안다(jānāti)'입니다. 이것은 '보다(passati)'와 같이 쓰여 '이와 같이 알고 이와 같이 본다(evaṃ jānāti evaṃ passati)'처럼 정형적 표현으로 경전에 나타납니다.

'anupassati'는 '보다(passati)'에 동작이 지속되는 상태를 의미하는 접두사 'anu'가 붙어 '계속 관찰하다'의 의미입니다. '알고 본다'와 비슷하지만 보다 구체적인 마음(māno)의 작용을 의미하는 동사로 '주의를 기울이다(manasikaroti, 作意)'가 있습니다. 이것은 특히 '적절하게(yoniso)'와 같이 쓰여 바르게 마음을 대상에 집중하는 작용을 의미합니다. 이상과 같은 것들은 마음을 대상에 고정시키는 작용을 표현하는 것들입니다.

이 '안다'와 관련 있는 마음 작용으로 이해하다(sañjānāti; saññā, 想), 분별하다(vijānāti; viññāṇa, 識), 통찰하다(pajānāti; Pañña, 般若)가 있습니다. '이해하다'는 '대상을 알다', '분별하다'는 대상을 '자세히 알다', '통찰하다'는 대상을 여러 측면에서 아는 것으로 대상의 특성 즉 개별적 특성과 일반적 특성으로 '꿰뚫어 앎'을 의미합니다.

『청정도론』에서는 위의 세 가지 마음 작용을 금화를 아는 세 종류의 사람, 즉 어린아이, 시골농부, 금화전문가에 비유하였습니다. 어린아이가 금화를 아는 것은 '이해하다(sañjānāti)' 즉 단지 장식이 아름다운 동전 정도로 아는 것이고, 시골농부가 아는 것은 '분별하다(vijānāti)' 즉 '매우 아름답고 소중한 것이며 세상의 귀중품을 구할 수 있음을 아는 것'에, 금화전문가가 아는 것은 '통찰하다(pajānāti)' 즉 '금화전문가가 금화를 혀로 맛을 보거나 두드려 소리를 듣거나 손으로 무게를 어림잡는 것만으로 어디서 만들어졌는지, 어느 정도의 가치가 있는지 아는 것'에 비유하였습니다.[7)]

이상 세 단어는 '대상을 아는 것'과 관련된 가장 기본적인 경전의 술어입니다. 이것 외에 '바르게 통찰하다(sampajānāti)'가 있는데 이 단어는 '통찰하다(pajānāti)'에 접두어 'sam'이 붙어 '통찰하다'의 의미에 '바른'의 의미가 더

해진 것입니다. 특히 이 단어는 '알아차림(sati)과 함께 쓰여 '알아차림으로 바르게 통찰하며(satima sampajānno, 正念 正知)'로 실천 수행과 관련하여 항상 염두에 두어야 할 단어입니다.

반면에 이들 현재 일어나는 대상에 마음을 고정시키는 마음 작용과 달리 '사유(takka)', '반조(paccavekkhaṇa)', 추론(anumāna)', '분석(vīmaṃsi)' 등은 마음이 변화하는 대상을 계속 따라가는 의도적인 마음 작용입니다. 일어나는 현상을 자유롭게 생각하거나 깊이 고찰하거나 추론하거나 분석하는 것은 각기 다른 마음 작용입니다. 바른 실천을 하는 수행자는 이런 각각의 마음 작용을 적절하고 바르게 전광석화와 같이 자유자재로 이용할 줄 알아야 합니다.

초월의 지혜(abhiññā)와 통달지(pariññā)

'초월의 지혜(abhiññā)'는 '초월지'라고도 하는데 '초월하여 알다(abhijānāti)'의 명사형입니다. '초월지'는 이미 얻어진 학습에 의한 지식의 축적이나 앎이 아닌, 선정을 바탕으로 한 존재의 본성에 대한 통찰이며 직관을 통한 지혜를 의미합니다.

앞서 설명한 앎에 대한 결과로 생기는, '아는 것'에 대한 '앎'을 '지혜(ñāṇa)' 또는 '반야(paññā)'라고 합니다. 앎의 대상이 미세한 물질의 세계인 '색계(rūpāvacarā)' 또는 '무색계(arūpāvacarā)의 영역까지 확장되면 이를 '초월하여 안다 또는 수승하게 안다'라고 합니다. 이 초월의 지혜는 일반인들은 경험하기 어려운 초능력인 신통과 관련이 있으므로 특별히 여섯 가지 초월의 지혜를 가리켜 '육신통(cha abhiññā, chaḷabhiññā, 六神通)'이라고 합니다. 신통은 색계 4선을 증득한 이들이 성취합니다.

경전에서는 색계 4선을 정형적으로 다음과 같이 서술하고 있습니다.

> **"이와 같이 그는 마음이 삼매에 들고, 청정하고, 깨끗하고, 허물이 없고, 오염을 벗고, 부드럽고, 일에 적합하고, 안정되고, 흔들림이 없는 상태에 이르렀을 때, 신통변화로 마음을 향하고(abhinīharati) 기울인다(abhininnāmeti)."**

부처님께서는 이런 여섯 가지 신통을 두루 구족하셨기 때문에 말할 필요도 없고 당시 제자들 중에 신통으로 이름난 분들로 마하목갈라나(Mahāmoggallāno), 아누룻다(Anuruddho), 빤타까 형제(Cūḷapanthako, Mahāpanthako), 연화색비구니(Uppalavannā Therī) 등이 있습니다.

경전에는 이 외에도 통달지(pariññā)를 말하고 있는데 '통달지'는 이상 모든 것을 완전히 다 아는 것을 의미하며 '안 것의 통달지(ñātapariññā)', '결정의 통달지(tīraṇapariññā)', '버림의 통달지(pahānapariññā)'로 나누어 설명합니다.

'안 것의 통달지'는 초월지의 반야로 안다는 의미의 지혜(abhiññāpaññā ñātaṭṭhena ñāṇa)[8]이며 모든 조건과 정신·물질을 완전히 아는 특별한 경지입니다. '결정의 통달지'는 통달지의 반야로 결정한다는 의미의 지혜이며 깔라빠 명상(kalāpasammasana)[9]에서 시작하여 '무상·고·무아'로 진행되는 '수순(anulomā)'의 특별한 경지입니다. '버림의 통달지'는 버림의 반야로 포기한다는 의미의 지혜(pahānapaññā pariccāgaṭṭhena ñāṇa)이며 '무너짐을 계속 관찰함'에서부터

시작하여 '도의 지혜'까지가 이것의 단계입니다.[10)]

초월지로 실현

이상과 같이 다양한 앎의 노력을 방일하지 않고 열렬히 계속하면 지혜가 점차 향상되는데 이렇게 향상된 지혜를 직접 성취하는 것을 경전에서는 '실현하다(sacchikaroti)로 표현합니다. 실현하다는 'sa3+√akṣ'로 분석되며, '√akṣ'는 '눈(akkhi, 眼)'을 의미하며 동사 '하다(karoti)'와 결합하여 '자신의 눈으로 본(행위한)' 즉 '실현하다'의 뜻이 됩니다.

이상 설명한 것을 종합하면 「수바경」 본문의 '스스로 초월의 지혜로 실현한다'라는 의미는 실천 수행하는 수행자가 방일하지 않고 앎의 대상을 미세한 영역까지 확장하여 스스로 생긴 지혜로 이전에는 알지 못했던 새로운 지혜 즉 초월지가 생겼음을 의미합니다.

세존께서는 이러한 초월의 지혜 즉 초월지로 스스로 실현하여 그 결과를 선언한 바라문이 현재도 과거에도 없었다는 것을 수바에게 확인시켜 주고 있습니다.

2) 눈먼 이의 비유

"바라문 청년이여, 마치 눈먼 이들이 줄을 섰는데, 앞선 자도 보지 못하고 가운데 선 자도 보지 못하고 뒤에 선 자도 보지 못하는 것과 같이, 이와 같이 바라문 청년이여, 모든 바라문들이 설한 것은 눈먼 이들이 줄을 선 것과 같이 앞선 자도 보지 못하고 가운데 선 자도 보지 못하고 뒤에 선 자도 보지 못하는 것과 같다고 나는 생각합니다."

이처럼 말하자 또데야의 아들 바라문 청년 수바는 세존께서 스승을 눈먼 이의 줄서기에 비유한 것에 대하여 분노하여 불쾌하게 생각하고 '사문 고따마는 악마가 될 것이다.' 라고 말하며 세존을 욕하고 세존을 헐뜯었다.

그리고 그는 세존께 이와 같이 말했다.

"존경하는 고따마님, 수바가 숲의 오빠망냐 가문의 뽁카라사띠는 '어떤 사문이나 바라문들은 이 세상에서 인간을 뛰어넘어 고귀한 자가 갖추어야 할 탁월한 앎과 봄이 있다고 선언했다. 그러나 그들이 말한 것은 웃기는 것이고(hassakaṃ), 명칭뿐인 것이고(nāmakaṃ), 공허한 것이고(rittakaṃ), 텅 빈 것이다(tucchakaṃ). 어떻게 인간이 인간을 뛰어넘어 고귀한 자가 갖추어야 할 탁월한 앎과 봄을 알고 또한 보고 또한 실현하여 행할 수 있는가? 그것은 불가능하다.'라고 말했습니다."

"바라문 청년이여, 수바가 숲에서 사는 우빠망냐 가문의 뽁카라사띠는 모든 사문이나 바라문들의 마음에 대해 마음으로 두루 헤아려 알고 있습니까?"

"존경하는 고따마님, 수바가 숲의 우빠망냐 가문의 뽁카라사띠는 하녀 뿐니까의 마음도 마음에 대해 마음으로 두루 헤아려 알지 못하는데, 어떻게 모든 사문이나 바라문들의 마음에 대해 마음으로 두루 헤아려 알겠습니까?"

"바라문 청년이여, 이를테면 태어날 때부터 눈먼 사람이 있는데 그가 검은색과 흰색을 보지 못하고, 푸른색을 보지 못하고, 노란색을 보지 못하고, 붉은색을 보지 못하고, 분홍색을 보지 못하고, 요철을 보지 못하고, 별이나 해나 달을 보지 못한다고 합시다. 그가 이와 같이 '검은색과 흰색은 없으며, 검은색과 흰색을 보는 자도 없다. 푸른색은 없으며, 푸른색을 보는 자도 없다. 노란색은 없으며, 노란색을 보는 자도 없다. 붉은색은 없으며, 붉은색을 보는 자도 없다. 분홍색은 없으며, 분홍색을 보는 자도 없다. 요철은 없으며, 요철을 보는 자도 없다. 별이나 해나 달은 없으며, 별이나 해나 달을 보는 자도 없다. 나는 이것을 알지 못하고, 나는 이것을 보지 못한다. 그러므로 존재하지 않는다.' 라고 말한다면, 바라문 청년이여 그는 올바로 말한 것입니까?"

"존경하는 고따마님, 검은색과 흰색은 있으며, 검은색과 흰색을 보는 자도 있습니다. 푸른색은 있으며, 푸른색을 보는 자도 있습니다. 노란색은 있으며, 노란색을 보는 자도 있습니다. 붉은색은 있으며, 붉은색을 보는 자도 있습니다. 분홍색은 있으며, 분홍색을 보는 자도 있습니다. 요철은 있으며, 요철을 보는 자도 있습니다. 별이나 해나 달은 있으며, 별이나 해나 달을 보는 자도 있습니다. 저는 이것을 알고, 저는 이것을 봅니다. 그러므로 존재하지 않는 것이 아닙니다."

"바라문 청년이여, 그렇습니다. 수바가 숲의 우빠망냐 가문의 뽁카라사띠는 눈이 멀었고 눈이 없습니다. 그가 참으로 '인간을 초월한 법들에 대한 성인의 앎과 봄의 특별함'을 알고 또한 보고 또한 깨닫는다는 것은 불가능합니다. 바라문 청년이여, 어떻게 생각합니까? 고살라의 부유한 바라문들로 이를테면, 바라문 짱끼, 바라문 따룩카, 바라문 뽁카라사띠, 바라문 자눗소니 그리고 그대의 아버지 바라문 또데야가 있는데, 이들 가운데 상식에 맞게(sammuccā) 말하는 자와 상식에 어긋나게(asammuccā) 말하는 자가 있다면 누가 더 훌륭합니까?"

"존경하는 고따마님, 상식에 맞게 말하는 자입니다."

"바라문 청년이여, 이들 가운데 생각하고(mantā) 말하는 자와 생각 없이(amantā) 말하는 자가 있다면 누가 더 훌륭합니까?"

"존경하는 고따마님, 생각하고 말하는 자입니다."

"바라문 청년이여, 이들 가운데 깊이 고찰하고(paṭisaṅkhāya) 말하는 자와 깊이 고찰하지 않고(appaṭisaṅkhāyā) 말하는 자가 있다면 누가 더 훌륭합니까?"

"존경하는 고따마님, 깊이 고찰하고 말하는 자입니다."

"바라문 청년이여, 이들 가운데 유익하게(atthasaṃhitaṃ) 말하는 자와 무익하게(anatthasaṃhita) 말하는 자가 있다면 누가 더 훌륭합니까?"

"존경하는 고따마님, 유익하게 말하는 자입니다."

"바라문 청년이여, 어떻게 생각합니까? 그렇다면, 수바가 숲의 우빠망냐의 뽁카라사띠는 상식에 맞게 말했습니까, 또는 상식에 어긋나게 말했습니까?"

"존경하는 고따마님, 상식에 어긋나게 말했습니다."

"바라문 청년이여, 그는 생각하고 말했습니까, 또는 생각 없이 말했습니까?"

"존경하는 고따마님, 생각 없이 말했습니다."

"바라문 청년이여, 그는 깊이 고찰하고 말했습니까, 또는 깊은 고찰 없이 말했습니까?"

"존경하는 고따마님, 깊은 고찰 없이 말했습니다."

"바라문 청년이여, 그는 유익하게 말했습니까, 또는 무익하게 말했습니까?"

"존경하는 고따마님, 무익하게 말했습니다."

세존께서 수바에게 말씀하시는 '눈먼 이의 비유'는 우리가 일반적으로 알고 있는 내용과 다릅니다. 흔히 알고 있는 '눈먼 이의 비유'는 중국 오나라의 강승회(康僧會)[11]의 번역으로 『불설장아함경』의 「세기경」[12]에 나옵니다. 『장아함경』에 대응하는 초기경전인 『디가 니까야』에도 「세기경」이 있지만 거기에는 눈먼 이의 비유가 없습니다. 『장아함경』의 눈먼 이의 비유를 이 책의 부록으로 싣습니다. '눈먼 이의 비유' 모두 어렵지 않은 내용이라 따로 해설은 붙이지 않고 본문 인용으로 갈음합니다.

3) 타인의 마음에 대해 마음으로 헤아림

「수바경」 본문에서 중요하게 언급되는(p.46) '마음에 대해 마음으로 두루 헤아려 아는' 것에 대해 설명하겠습니다.

'마음에 대해 마음으로 두루 헤아려(cetasā ceto parica)'는 타인의 마음을 아는 것을 표현할 때 많이 쓰이며 경전에서는 이를 '마음을 아는 지혜(cetopariyañāṇa)'라고도 표현합니다. 'ceto'는 마음을 일컫는 단어인 'citta'와 같은 의미로 쓰이지만 정형화된 용례가 보입니다. 즉 본문의 'cetasā'는 'ceto'의 도구격(instr.)으로 '마음으로'의 뜻입니다. 'paricca'는 고정된 형태의 불변사로 쓰이며 원어는 'pariyeti; 둘러싸다, 이해하다'이며, 'pari+√i; 가다'로 분석되며 의도로써 대상을 따라가는 의미입니다.

정리하면 'cetasā ceto paricca'는 '마음으로 마음이 계속 따라가'의 뜻이 됩니다. 마음은 고정되고 변하지 않는 것이 아니기 때문에 변하는 마음을 계속 따라가면서 알아차리는 것이 이 어휘의 핵심입니다.

마음을 헤아려 아는 것에 대한 설명이 나온 대표적인 경전은 「대념처경」입니다. 이 경전에는 다음과 같이 마음관찰의 정형화된 표현이 나옵니다.

비구들이여, 비구가 마음에 대해 마음을 계속 관찰하여 머무른다는 것은 어떠한 것입니까?

비구들이여, 여기 비구가 탐욕이 있는 마음은 탐욕이

있는 마음이라고 통찰하고 탐욕에서 벗어난 마음은 탐욕에서 벗어난 마음이라고 통찰합니다.

성냄이 있는 마음은 성냄이 있는 마음이라고 통찰하고 성냄에서 벗어난 마음은 성냄에서 벗어난 마음이라고 통찰합니다.

어리석음이 있는 마음은 어리석음이 있는 마음이라고 통찰하고 어리석음에서 벗어난 마음은 어리석음에서 벗어난 마음이라고 통찰합니다.

수축한 마음은 수축한 마음이라고 통찰하고 흩어진 마음은 흩어진 마음이라고 통찰합니다.

고귀한 마음은 고귀한 마음이라고 통찰하고 고귀하지 않은 마음은 고귀하지 않은 마음이라고 통찰합니다.

위가 있는 마음은 위가 있는 마음이라고 통찰하고 위가 없는 마음은 위가 없는 마음이라고 통찰합니다.

삼매에 든 마음은 삼매에 든 마음이라고 통찰하고 삼매에 들지 않은 마음은 삼매에 들지 않은 마음이라고 통찰합니다.

해탈한 마음은 해탈한 마음이라고 통찰하고 해탈하지

않은 마음은 해탈하지 않은 마음이라고 통찰합니다.

이와 같이 그는 마음에 대해 마음을 안으로 계속 관찰하여 머무르거나, 마음에 대해 마음을 밖으로 계속 관찰하여 머무르거나, 마음에 대해 마음을 안팎으로 계속 관찰하여 머무릅니다. 또는 마음에 대해 일어남의 담마를 계속 관찰하여 머무르거나, 마음에 대해 사라짐의 담마를 계속 관찰하여 머무르거나, 마음에 대해 일어남·사라짐의 담마를 계속 관찰하여 머무릅니다. '마음이 있다'라는 이런 알아차림이 바로 그 자리에 확립됩니다. 그와 같이 지혜를 향하여 강한 알아차림을 위하여 세상의 어떤 것도 의지하지 않고 집착하지 않습니다.

비구들이여, 비구는 이와 같이 마음에 대해 마음을 계속 관찰하며 머무릅니다.

그런데 위와 같은 마음관찰의 정형구와 별도로 초월지와 관련된 '타인의 마음을 아는 지혜'의 서술은 약간의 차이가 있습니다. 『디가 니까야』의 「사문과 경(sāmaññaphalasutta; D 2)」에는 동일한 16가지 마음을 나열하지만 이의 전제 조건으로 색계 4선정을 증득한 후 이러한 마음으로 향하게 하라고 서술하고 있습니다. 그 구절은 아래와 같습니다.

그는 이와 같이 마음이 삼매에 들고, 청정하고, 깨끗하고, 흠이 없고, 오염원이 사라지고, 부드럽고, 활발발하고, 안정되고, 흔들림이 없는 상태에 이르렀을 때 마음을 아는 지혜로 마음을 향하게 하고 기울게 합니다. 그는 다른 중생들과 다른 인간들의 마음에 대하여 마음을 두루 헤아려 통찰합니다. 탐욕이 있는 마음은 … 통찰합니다.

이런 '타인의 마음을 아는 지혜'에 관한 설명은 『청정도론』에서 자세히 살펴볼 수 있습니다. 현재 이러한 지혜를 실현하지 못한 사람들에게는 이것을 지식으로 아는 것이 이익보다 손해가 될 수도 있습니다. 그러나 이에 대한 주석서의 세밀한 분석을 알고 실제로 보다 높은 실현의 경지가 존재함을 아는 것의 이익이 더 크다고 생각됩니다. 아래는 이에 관한 『청정도론』의 구체적인 설명입니다.

『청정도론』에서는 "삼매의 계발은 초월지의 이익을 가져온다."라는 경전의 문장을 인용하면서 먼저 ① 신통변화(iddhividha), ② 신성한 귀의 요소의 지혜(dibbasotadhātuñāṇa), ③ 마음을 아는 지혜(cetopariyañāṇa), ④ 전생을 기억하는 지혜(pubbenivāsānussatiñāṇa), ⑤ 중생들의 죽음과 다시 태어남을 아는 지혜(sattānaṃ cutūpapāte ñāṇa)로 설명합니다.

여기서 '천안통'으로 알려진 '신성한 눈의 지혜'는 신통변화(iddhividha), 마음을 아는 지혜(cetopariyañāṇa), 중생들의 죽음과 다시 태어남을 아는 지혜(sattānaṃ cutūpapāte ñāṇa)에 대한 토대로서 신성한 눈[天眼]을 이야기하고 있습니다.

번뇌가 다한 마음의 해탈(cetovimutti)과 반야의 해탈(paññāvimutti)을 '번뇌가 다한 지혜(āsavakkhayañāṇa, 漏盡通)'라고 하며 이것까지 포함하여 여섯 가지 신통으로 통칭합니다. 번뇌를 소멸한 아라한들이 이러한 신통, '육신통(cha abhiññā, chaḷabhiññā)'을 모두 증득하는 것은 아닙니다. 경전에 의하면 이들 중 번뇌를 소멸한 지혜, 전생을 기억하는 지혜, 중생들의 죽음과 다시 태어남을 아는 지혜를 삼명이라고 하며 모든 아라한은 이들 세 가지 지혜를 증득한다고 합니다.

『청정도론』의 '마음을 아는 지혜'에 관한 부분을 보겠습니다.

'마음을 아는 지혜(cetopariyañāṇa)'를 설명한다. 마음을 아는 지혜의 주석에서 'cetopariyañāṇāyā'에서 '둘러싸다(pariyātī)'라고 하는 것은 둘러싸서(pariyaṃ) 한정한다는 뜻이다. 마음이 둘러싸므로 '마음이 아는(cetopariyaṃ)'이다. 마음을 아는 지혜라는 단어는 마음을 아는 것이 바로 지혜이기 때문에 '마음을 아는 지혜(cetopariyañāṇa)'이다. 그래서 '그것을 위하여(tadatthāyā)'라고 언급했다.

다른 중생들이란 자기를 제외한 나머지 중생들이다. 다른 인간들이라는 것도 같은 뜻이다. 가르치기 위한 방편으로 또 교법의 장엄을 위해 다른 단어를 사용했다. '마음으로 마음이(cetasā ceto)'는 자기의 마음으로 그들의 마음을. '둘러싸 통찰한다(paricca pajānāti)'는 것은 한정하고(paricchinditvā). '통찰한다(pajānāti)'는 것은 '탐욕 등의 방

편으로 다양하게 안다'라는 뜻이다.

그러면 어떻게 이 지혜를 일으켜야 하는가? 이것은 바로 신성한 눈의 힘으로 발현한다. 그것이 이것의 준비다. 그러므로 비구는 광명을(ālokaṃ) 확장하여 신성한 눈으로 다른 사람의 심장물질에 의지하여 현재 존재하는 피의 색깔을 보면서 마음을 살펴보아야 한다.

그것은 즐거운 느낌의 마음이(somanassacitta) 일어나면 그 색깔은 익은 니그로다 열매와 같다. 만약 괴로운 느낌의(domanassa) 마음이 일어나면 그것은 익은 잠부 열매와 같다. 평온한 느낌의(upekkhā) 마음이 일어나면 그것은 맑은 참깨 기름과 같다. 그러므로 그는 '이 물질은 즐거운 느낌의 근기에서(indriya) 비롯되었고, 이것은 괴로운 느낌의 근기에서 비롯되었고, 이것은 평온한 느낌의 근기에서 비롯되었다.'고 다른 자의 심장의 피의 색깔을 보고 마음을 살피면서 [남의] 마음을 아는 지혜를 강화해야 한다.

이와 같이 강화하면 심장의 물질을 보지 않고도 마음에 대하여 마음이 빠르게 움직이는 것을 바로 그곳에서 점차 모든 욕계의 마음과 색계와 무색계의 마음을 통찰한다. 주석서에서도 이와 같이 설했다.

"무색계에서 다른 자의 마음을 알고자 하면 누구의 심장 물질을 보고 어떤 근기의 변화를 조사하는가(oloketi)? 어떤 것도 아니다.

신통을 가진 자의 영역은 바로 그가 어디에 있든 그곳에 마음이 전향함으로써(āvajjanto) 16가지로 구성된 마음을 안다. 만들지도 않고 천착하지도 않으며 힘에 의함, 이것이 주석서의 입장이다."[15)]

경전에서는 이러한 범부가 가지지 못한 초월의 지혜를 다음과 같이 다르게 표현하기도 합니다.

'인간을 뛰어넘어 고귀한 자가 갖추어야 할 탁월한 앎과 봄'이라는 표현이 경전에 자주 나타나며 특별한 지혜를 가진 스승들을 지칭할 때 관용어구로 쓰입니다. 원문은 'uttarimanussadhammā alamariyañāṇadassanavisesa'와 같으며 'uttari;초월한 + manussa; 인간 + dhammā; 법 alaṁ; 손 + ariya; 성인 + ñāṇa; 앎 + dassana; 봄 + visesa;

특징'으로 분석됩니다. 이를 직역하면 '인간을 초월한 법에 대하여 성인이 갖는 앎과 봄의 특징'으로 해석됩니다.

이는 앞서 설명한 여러 가지 앎과 그로 인한 지혜로 가지게 되는 특별한 능력을 의미하는 것입니다. 니간타 냐타뿟따 등과 같이 자신이 특별한 존재라고 선언한 당시의 스승들은 일반적으로 스스로를 이렇게 표현하였습니다. 물론 부처님 당신도 스스로를 이와 같이 표현하셨습니다.

이 장에서 수바는 바라문들이 바른 실천 수단으로서 다섯 가지 실천방법을 가지고 있다는 것을 주장합니다. 이에 대해 세존께서는 눈먼 이의 비유를 사용하시면서, 바라문의 방법이 초월지의 실현에 도움이 되지 않으며, 타인의 마음에 대해 마음으로 헤아릴 수도 없다고 비판하십니다. 이런 비판은 문제의 본질은 소속한 집단이 어디냐가 아니라 각 개인의 바른 실천이라는 1장에서의 세존의 가르침에 기반을 두고 있습니다. 또한 이 장에서 우리는 세존의 가르침과 관련되는 다양한 지혜 및 초월지를 여러 경전을 통하여 살펴보았습니다.

1장과 2장은 바라문의 실천 및 이에 대한 세존의 비판에 관한 것이었습니다. 이어지는 3장, 4장, 5장에서는 이로부터 한 걸음 더 나아가서, 초월지를 향한 바른 실천의 구체적이고 실질적인 방법들이 차근차근 제시될 것입니다. 이를 위해 먼저 3장에서는 가장 기본적 단계인 '다섯 가지 장애와 감각적 욕망의 벗어남'의 중요성, 그리고 그 방법이 청년 수바에게 설명됩니다.

3

세존의 실천 : 감각적 욕망으로부터 벗어남

1) 다섯 가지 장애와 감각적 욕망의 다발

“바라문 청년이여, 이와 같은 다섯 가지 장애들(nīvaraṇā)이 있습니다. 다섯 가지란 어떠한 것입니까?

감각적 욕망에 대한 열의의 장애(kāmacchandanīvaraṇa)

악의의 장애(byāpādanīvaraṇa)

해태와 혼침의 장애(thīnamiddhanīvaraṇa)

들뜸과 회한의 장애(uddhaccakukkuccanīvaraṇa)

회의적 의심의 장애(vicikicchānīvaraṇa)입니다.

바라문 청년이여, 이것들이 다섯 가지 장애입니다. 수바가 숲의 우빠망냐의 뽁카라사띠는 이 다섯 가지 장애로 막히고 가려지고 덮여지고 포위되었습니다. 참으로 그가 '인간을 초월한 법들에 대한 성인의 앎과 봄의 특별함'을 알고 보고 실현한다는 것은 불가능합니다.

바라문 청년이여, 다섯 가지 감각적 욕망의 다발들(kāmaguṇā)이 있습니다. 다섯 가지란 어떠한 것입니까?

시각에 의해서 인식되는, 원하고(iṭṭhā), 좋아하고(kantā), 마음에 들어 하고(manāpā), 매혹되고(piyarūpā), 감각적 욕망과 함께하고(kāmūpasaṃhitā), 탐착하는(rajanīyā) 형상

청각에 의해서 인식되는, 원하고, 좋아하고, 마음에 들어 하고, 매혹되고, 감각적 욕망과 함께하고, 탐착하는 소리

후각에 의해서 인식되는, 원하고, 좋아하고, 마음에 들어 하고, 매혹되고, 감각적 욕망과 함께하고, 탐착하는 냄새

미각에 의해서 인식되는, 원하고, 좋아하고, 마음에 들어 하고, 매혹되고, 감각적 욕망과 함께하고, 탐착하는 맛

촉각에 의해서 인식되는, 원하고, 좋아하고, 마음에 들어

하고, 매혹되고, 감각적 욕망과 함께하고, 탐착하는 감촉입니다.

바라문 청년이여, 이것이 다섯 가지 감각적 욕망의 다발들입니다. 바라문 청년이여, 수바가 숲의 우빠망냐의 뽁카라사띠는 이 다섯 가지 감각적 욕망의 다발에 빠지고 사로잡히고 탐닉하고 위험을 보지 않고 벗어남에 대한 통찰 없이 계속 즐기고 있습니다. 참으로 그가 '인간을 초월한 법들에 대한 성인의 앎과 봄의 특별함'을 알고 보고 실현한다는 것은 불가능합니다."

바라문 뽁카라사띠(Pokkharasāti)

세존께서는 바라문 뽁카라사띠에 대해 2장에서도 이미 '눈먼 이의 비유'를 통해 그를 "인간을 뛰어넘어 고귀한 자가 갖추어야 할 탁월한 앎과 봄을 알고 보고 실현하여 행하는 것이 불가능하다."고 하면서 비판한 바 있습니다. 여기에서도 세존께서는 또 한번 그를 감각적 욕망의 다발에 빠지고 사로잡히고 탐닉하는 인물로 비판하고 있습니다.

또데야의 아들 수바는 그의 제자였는데, 「수바경」에서는 뽁카라사띠를 우빠망냐의 수바가 숲에서 살고 있으며, 전통적으로 전승되어 오는 브라만 사회의 가치에 대해 헛된 자부심을 가지고 있는 자로 묘사하고 있습니다. 이런 뽁카라사띠에 대해 알아보겠습니다.

바라문 뽁카라사띠는 마하살라(Mahāsāla)의 브라만으로 욱까타(Ukkatthā)에 거주했으며 재물이 많고 학식이 뛰어났습니다. 욱까타는 빠세나디왕이 통치하는 꼬살라국에 있으며 꼬살라국은 지리적으로 인도에서 히말라야의 남쪽에 위치해 있었습니다. 이 지역은 빠세나디왕이 뽁카라사띠의 인품과 학식을 흠모해 영지로 준 곳으로 풍부한 산림과 초지, 옥수수와 같은 자원은 물론 사람들도 많이 살고 있는 곳이었습니다.

그는 당시 브라만 사회에서 매우 명망 있고 존경을 받았으며 많은 바라문 청년들이 그에게 베다를 공부했습니다. 『니까야』에 바라문 청년들, 즉 와셋타(vāseṭṭha), 암밧타

(ambaṭṭha), 수바(subha) 등이 제자로 등장합니다.

주석서에서는 뽁카라사띠의 매력적인 특징들을 말하고 있는데, 그의 몸은 마치 천상의 은 목걸이처럼 흰 연꽃의 색깔이었고, 머리카락은 사파이어와 같았으며, 눈은 푸른 연꽃을 닮았다고 합니다.

잇차낭갈라는 욱까타에 인접해 있는 곳이었는데, 세존께서 이곳 잇차낭갈라에 머물 때 뽁카라사띠가 제자인 암밧타(ambaṭṭha)를 과연 세존이 위대한 이가 지니는 32가지 특징들을 가지고 있는지 알아보도록 보냈습니다.

앞에서 바라문 계층을 설명하면서 언급한 것처럼 뽁카라사띠의 제자인 암밧타는 세존께 무례하게 굴었습니다. 나중에 이 일을 알게 된 뽁카라사띠는 세존을 찾아뵙고 제자의 무례함에 대해 용서를 구했습니다. 그리고 다음날 뽁카라사띠는 세존을 자신의 집에 공양 초청을 했습니다. 그 자리에서 세존의 가르침을 듣고는 바로 제자로 귀의하였으며 수다원이 되었습니다.

그러므로 뽁카라사띠에 대한 「수바경」의 이런 비판적인 묘사는 그가 세존께 귀의하기 전의 사건이었음을 알 수 있습니다. 그러므로 뽁카라사띠가 등장하는 경전을 일어난 시간별로 배열해 보면 「수바경(Subha Sutta; M 99)」, 삼명경(tevijjasutta; D 13), 암밧타경(Ambaṭṭha sutta; D 3), 「수바경(Subha Sutta; D 10)」의 순서임을 알 수 있습니다.

감각적 욕망을 즐김 : 내용과 대상

다섯 가지 장애에 관해서는 이미 많은 해설서에서 설명하고 있으므로 본서에서는 생략하겠습니다. 대신 첫 번째 장애인 감각적 욕망에 관한 가장 오래 되고 기본이 되는 경전인 『수따니빠따(Suttanipāta)』의 「감각적 욕망의 경(Kāmasutta; K 5.39)」을 통해서 감각적 욕망을 살펴보겠습니다. 『수따니빠따』는 『법구경(Dhammapāda)』과 함께 많이 읽히면서 세존의 초기설법을 담고 있는 경전으로 알려져 있는데 그 중에서도 『수따니빠따』의 뒤 두 품, 제4품 「여덟 게송품(Aṭṭhakavaggo)」과 제5품 「도피안품(Pārāyanavaggo)」은 가장 초기 세존의 설법으로 알려져 있습니다.

「감각적 욕망의 경」은 앞에서 본 「수바경」에서 감각적 욕망의 다발을 서술하는 방식과 달리 감각 충족의 대상에 초점을 맞추고 있습니다. 이런 대상들의 구체적 예로서 '농토나 대지나 황금, 황소나 말, 노비나 하인, 여인이나 친척 등'을 말하고 있습니다. 오늘날도 마찬가지로 '땅과 돈, 각종 유가증권, 세력을 키울 수 있는 사람들, 이성 등'이 우리의 감각 충족의 대상들입니다.

감각 충족의 대상을 원할 때에 그것을 얻으면, 원하는 그것을 얻은 그는 그때에 진심으로 기뻐 날뛰네.

감각 충족의 대상에 빠져 있으며 그것에 대한 열의가 생긴 사람에게 그 감각 충족의 대상이 사라져 버리면, 그는 화살에 맞은 것처럼 괴로워하네.

감각 충족의 대상을 멀리하는 사람은 뱀의 머리를 발로 밟지 않듯, 이 세상에서 탐착(visattikaṃ)을 알아차리면서(sato) 뛰어넘네.

농토(農土)나 대지(大地)나 황금, 황소나 말, 노비나 하인, 여인이나 친척 등이 사람이 탐내는 다양한 감각 충족의 대상들이니.

약한 사람들이 그것들로 인해 힘을 내지만 그것들이 이들을 짓밟아 위험에 빠뜨리니, 난파된 배에 물이 스며 들 듯 그로부터 그것들이 괴로움으로 인도하네.

그러므로 수행자는 항상 알아차리며 감각 충족의 대상들을 피하니, 마치 난파된 배를 구하듯 감각 충족의 대상들을 버리고 폭류(ogha)를 건너 피안에 도달하네.

앞선 「수바경」과 이 경전 「감각적 욕망의 경」을 더불어 감각적 욕망에 대한 두 가지 측면, 즉 감각 충족의 내용적 측면과 감각 충족의 대상적 측면을 볼 수 있습니다. 첫째, 감각 충족의 내용적 측면이란 감각 충족의 대상에 '빠지고 사로잡히고 탐닉하고 위험을 보지 못하고 벗어남에 대한 통찰 없이 계속 즐기며', 그 감각적 욕망에 빠진 사람은 그것으로 인해 '막히고 가려지고 덮여지고 포위되는' 것입니다. 둘째, 감각 충족의 대상적 측면이란 '형상, 소리, 냄새, 맛, 감촉'입니다.

'까마(kāma)'라는 단어는 기존의 번역서에서는 '감각적 욕망'으로 주로 내용적 측면에 초점을 맞추어 번역하고 있습니다. 그러나 본서에서는 이를 감각 충족의 대상적 측면에 초점을 맞추어 번역하였습니다.

일반적으로 세존께서는 감각적 욕망을 이야기하실 때 먼저 '달콤함(assāda)'을, 다음으로 '위험(ādīnava)'을, 마지막으로 '피난처(nissaraṇa)'를 말씀하십니다. 위에서 감각적 욕망의 '달콤함'을 알아보았으니 이제부터 '위험'과 '피난처'에 대하여 알아보겠습니다.

2) 감각적 욕망의 위험

각종 재물과 이성의 달콤함은 굳이 설명하지 않아도 모두가 공감하는 것입니다. 여러 경전에서는 감각적 욕망의 위험성에 대해 특히 비유로써 서술하고 있습니다. 바른 실천에는 '개념과 실체'의 구분이 중요하며 개념 대신에 궁극적 실체를 추구하는 것이 올바른 실천 방법입니다.

그러나 이 궁극적 실체를 쫓는 것이 개념의 효용성을 온전히 부정하는 것은 아닙니다. 세존께서는 궁극적 실체를 알게 하기 위하여 적극적으로 개념을 이용하고 계십니다. 세존께서는 보다 세밀한 전문적 용어 대신 일반 대중들이 사용하는 언어를 사용하셨으며 적절한 명칭과 비유를 이용하셨습니다. 특히 세존께서 사용하신 비유는 탁월하기 그지없습니다. 이러한 비유도 개념을 적절히 이용한 것에 해당합니다.

세존께서 사용하신 비유 중에서 감각적 욕망의 위험성에 대한 비유를 『맛지마 니까야』의 「뽀딸리야경(potaliyasutta; M54)」을 통해 살펴보겠습니다.

"장자여, 한 마리의 개가 굶주림과 허기에 지쳐서 푸줏간 앞에 나타났다고 합시다. 그 개에게 숙련된 도살자 내지 그 제자가 완전히 잘 도려내어져서 근육 한 점 없이 피만 묻은 해골을 던져주면, 장자여, 그대는 어떻게 생각합니까? 그 개는 그 완전히 잘 도려내어져서 근육 한 점 없이 피만 묻은 해골을 씹으며, 그 굶주림과 허기에 지친 것을 채울 수 있습니까?"

"세존이시여, 그렇지 않습니다. 왜냐하면 그 해골은 완전

히 도려내어져서 근육 한 점 없이 피만 묻은 것이고 그런 식으로는 굶주림과 허기에 지칠 수밖에 없기 때문입니다."

"장자여, 이처럼 고귀한 제자는 '세존은 감각적 욕망에 대해 해골에 비유하여 말씀하셨다. 거기에는 괴로움이 많고 근심이 많고 재난이 많다'고 생각하며 그와 같이 바른 반야로 보아 다양하고 다양함에 의지하는 평온(upekkhā)을 버리고, 거기서 세속적인 물질에 대한 취착이 남김없이 사라지는, 유일하고 유일함에 의지하는 평온을 닦습니다."

"장자여, 한 마리의 독수리나 까마귀나 매가 고깃조각을 물고 날아간다고 합시다. 그런데 다른 독수리들이나 까마귀들이나 매들이 뒤쫓아 날아가서 부리로 쪼고, 낚아챈다면, 장자여, 그대는 어떻게 생각합니까? 한 마리의 독수리나 까마귀나 매가 그 고깃조각을 재빨리 놓아버리지 않는다면, 그 때문에 죽음에 이르거나 죽을 정도의 고통에 시달리지 않겠습니까?"

"세존이시여, 그렇습니다."

"장자여, 이처럼 고귀한 제자는 '세존은 감각적 욕망에 대하여 고깃조각에 비유하여 말씀하셨다. 거기에는 괴로움이 많고 근심이 많고 재난이 많다'고 생각하며 그와 같이 바른 반야로 봅니다. 그리고 다양하고 다양함에 의지하는 평온을 버리고, 거기서 세속적인 물질에 대한 집착은 남김없이 사라지는, 유일하고 유일함에 의지하는 평온을 닦습니다."

"장자여, 한 사람이 불타는 건초횃불을 가지고 바람을 향해서 간다고 합시다. 장자여, 그대는 어떻게 생각합니까? 그 사람이 불타는 건초횃불을 놓아 버리지 않아서, 그 불타는 건초횃불이 그 사람의 손을 태우거나 팔을 태우거나 다른 신체 부위를 태운다면, 그 때문에 죽음에 이르거나 죽을 정도의 고통에 시달리지 않겠습니까?"

"세존이시여, 그렇습니다."

"장자여, 이처럼 고귀한 제자는 '세존은 감각적 욕망에 대하여 건초횃불에 비유하여 말씀하셨다. 거기에는 괴로움이 많고 근심이 많고 재난이 많다'고 생각하며 그와 같이 바른 반야로 봅니다. 그리고 다양하고 다양함에 의지하는 평온을 버리고, 거기서 세속적인 물질에 대한 집착은 남김없이 사라지는, 유일하고 유일함에 의지하는 평온을 닦습니다."

"장자여, 불꽃도 연기도 없이 이글거리는 숯으로 가득 찬, 사람 키보다 깊은 숯불구덩이가 있다고 합시다. 살기를 원하고 죽기를 바라지 않고, 쾌락을 좋아하고 고통을 싫어하는 한 사람이 왔는데, 힘센 두 사람이 그를 두 손으로 붙잡아 숯불구덩이로 끌고 간다고 합시다. 장자여, 그대는 어떻게 생각합니까? 그 사람이 몸을 이리저리 비틀지 않겠습니까?"

"세존이시여, 그렇습니다."

"장자여, 이처럼 고귀한 제자는 '세존은 감각적 욕망에 대하여 숯불구덩이에 비유하여 말씀하셨다. 거기에는 괴로움이 많고 근심이 많고 재난이 많다'고 생각하며 그와 같이 바른 반야로 봅니다. 그리고 다양하고 다양함에 의지하는 평온을 버리고, 거기서 세속적인 물질에 대한 집착은 남김없이 사라지는, 유일하고 유일함에 의지하는 평온을 닦습니다."

"장자여, 한 사람이 아름다운 정원, 아름다운 숲, 아름다운 초원, 아름다운 호수를 꿈을 꾸면서 보다가 꿈이 깨면, 그는 아무것도 볼 수 없습니다. 장자여, 이처럼 고귀한 제자는 '세존은 감각적 욕망에 대하여 꿈에 비유하여 말씀하셨다. 거기에는 괴로움이 많고 근심이 많고 재난이 많다'고 생각하며 그와 같이 바른 반야로 봅니다. 그리고 다양하고 다양함에 의지하는 평온을 버리고, 거기서 세속적인 물질에 대한 집착은 남김없이 사라지는, 유일하고 유일함에 의지하는 평온을 닦습니다."

"장자여, 한 사람이 빌린 재물 즉 사치스러운 수레, 뛰어난 보석이 박힌 귀고리를 빌려서, 그들 빌린 재물로 분장하고 치장하여 시장에 나갔는데, 그를 보고 다른 사람들이 '참으로 이 사람은 부자입니다. 모든 부자는 이처럼 재물을 즐깁니다'라고 말하는데, 그 주인들이 그것을 볼 때마다, 그때마다 자기의 재물들을 찾아간다고 합시다. 장자여, 그대는 어떻게 생각합니까? 그 사람이 낙심할 수 밖에 없지 않겠습니까?"

"세존이시여, 그렇습니다. 그 주인이 자기의 것들을 찾아가기 때문입니다."

“장자여, 이처럼 고귀한 제자는 ‘세존은 감각적 욕망에 대하여 빌린 재물에 비유하여 말씀하셨다. 거기에는 괴로움이 많고 근심이 많고 재난이 많다’고 생각하며 그와 같이 바른 반야로 봅니다. 그리고 다양하고 다양함에 의지하는 평온을 버리고, 거기서 세속적인 물질에 대한 집착은 남김없이 사라지는, 유일하고 유일함에 의지하는 평온을 닦습니다.”

“장자여, 마을이나 도시에서 멀지 않은 곳에 있는 울창한 깊은 숲에 잘 익은 열매가 많이 달린 과일나무가 있지만 그 어떤 열매도 땅 위로 떨어지지 않는다고 합시다. 그때에 한 사람이 열매를 원하고 열매를 구하고 열매를 찾아서 그 깊은 숲으로 걸어 들어와 그 잘 익은 열매가 많이 열린 과일나무를 보고, ‘이 잘 익은 열매가 많은 과일나무가 있지만 그 어떤 열매도 땅 위로 떨어지지 않는다. 나는 나무 위로 올라갈 줄 안다. 내가 나무 위로 올라가 원하는 대로 먹고 또한 주머니를 채워보는 것이 어떨까?’라고 이와 같이 생각했다고 합시다. 그래서 그는 나무 위로 올라가 원하는 대로 먹고 또한 주머니를 채웠다고 합시다.

그런데 마침 두 번째의 사람이 열매를 원하고 열매를 구하고 열매를 찾아 도끼를 들고 그 깊은 숲으로 걸어 들어와 그 잘 익은 많은 열매를 가진 과일나무를 보고 '이 잘 익은 열매가 많이 열린 과일나무가 있지만 그 어떠한 열매도 땅 위로 떨어지지 않는다. 나는 나무 위로 올라갈 줄 모른다. 내가 나무를 뿌리로부터 잘라서, 원하는 대로 먹고 또한 주머니를 채워보는 것이 어떨까?'라고 이와 같이 생각했다고 합시다. 장자여, 그대는 어떻게 생각합니까? 만약에 그 나무에 오른 첫 번째 사람이 재빨리 나무에서 내려오지 않는다면, 그 넘어지는 나무가 그 사람의 손을 부수거나 팔을 부수거나 다른 신체 부위를 부순다면, 그 때문에 죽음에 이르거나 죽을 정도의 고통에 시달리지 않겠습니까?"

"세존이시여, 그렇습니다."

"장자여, 이처럼 고귀한 제자는 '세존은 감각적 욕망에 대하여 과일나무에 비유하여 말씀하셨다. 거기에는 괴로움이 많고 근심이 많고 재난이 많다'고 생각하며 그와 같

이 바른 지혜로 봅니다. 그리고 다양하고 다양함에 의존하는 평온을 버리고, 거기서 세속적인 물질에 대한 집착은 남김없이 사라지는, 유일하고 유일함에 의존하는 평온을 닦습니다."

「뽀딸리야경」에서 감각적 욕망의 비유는 나무열매의 비유로 끝이 나고 이어서 더 높은 마음의 계발에 관한 내용이 이어집니다. 이러한 감각적 욕망의 위험에 대한 비유가 다른 경전에서는 몇 가지가 더 있습니다. 그 내용은 다음과 같습니다.

도살장의 비유(asisūnūpamā)에서는 감각적 욕망의 다섯 대상들을 칼과 도끼로 잘게 쪼개어진 조각으로 비유합니다. 훔친 동물이나 사냥된 동물들은 칼과 도끼로 잘게 나누어집니다. 이와 같이 감각적 쾌락을 갈구하는 그들은 그들 자신의 칼과 도끼로 마구 난도질을 하며 파괴시켜 버립니다.

칼과 창의 비유(sattisūlūpamā)에서는 감각적 욕망의 다섯 대상들을 검이나 창의 날카로운 날로 비유합니다. 그 검과 접촉되는 것은 무엇이든지 여지없이 잘리고 찔려버립니다. 보이는 대상의 칼 혹은 창의 날카로운 날에 찔린 사람은 마치 낚시에 물린 고기가 어쩌지 못하고 수동적으로 낚시꾼의 의도대로 될 수밖에 없는 것과 같습니다. 보이는 대상의 칼날에 찔린 자는 모든 것을 잊어버리게 되며 그래서 그가 이전에 수련했던 계·정·혜에도 이미 집중할 수 없게 되어 결국 파멸로 끝나고 맙니다. 이 감각적 욕망의 다섯 대상들의 칼날들은 오직 죽이고, 베고, 잘라서, 파멸로 이끄는 무기일 뿐입니다.

뱀 머리의 비유(sappasirūpamā)에서는 감각적 욕망의 다섯 대상들을 독사의 머리로 비유합니다. 독사의 독에 닿기만 해도 온몸에 독이 퍼지듯 감각적 욕망의 대상에 접촉되기만 하여도 정신적 오염이 온몸에 퍼지게 됩니다. 실로 감각적 욕망의 다섯 대상들은 대단히 공포스럽고 두려운 것일 뿐입니다. 그것은 고통이고, 병마이며, 종양 그리고 고름일 뿐입니다.

뽀딸리야 장자에 대해 간략히 이야기하겠습니다. 아빠

나 마을의 뽀딸리야 장자는 어느 날 세존을 만났습니다. 세존께서 그를 '장자'라고 불렀는데 장자는 이 말에 불쾌감을 드러냈습니다. 그는 이미 자신의 재산을 가족들에게 물려주고 세속의 일을 버리고 최소의 음식과 의복으로 생활하고 있었기 때문에 자신을 장자라고 부르는 데 대해 불쾌감을 드러냈던 것입니다. 그러자 세존께서는 단순히 재산을 자식들에게 물려주고 음식과 의복을 최소한으로 생활한다고 해서 세속의 일을 완전히 포기한 것은 아니라고 했으며 진정한 버림에 대해 이야기합니다.

3) 감각적 욕망의 피난처

일반적으로 세존의 가르침의 전개방식은 앞서 이야기한 바와 같이 위험 다음에 피난처 또는 귀의처를 이야기하십니다. 마찬가지로 「뽀딸리야경」에서도 감각적 욕망의 위험을 여러 가지 비유로 말씀하신 후 곧이어 감각적 욕망의 피난처인 더 높은 마음의 계발에 대해 이야기하고 있습니다. 그런데 의외로 대단히 간략하게 설명하기에 여기서는 다른 경전의 예를 참고하여 이 부분을 부가하여 설명하겠습니다.

감각적 욕망의 피난처인 몸과 마음을 수행하는 실천에서 먼저 말씀하시는 것은 불법승 삼보에 대한 귀의입니다. 몇 가지 다른 예가 있지만 흔히 우리가 독송하는 삼보에 대한 귀의에 관한 정형구를 『맛지마 니까야』의 「옷감비유경(vatthasutta; M7)」을 통해 보겠습니다.

그는 부처님에 관해 이와 같이 '세존께서는 아라한이시며, 올바로 원만히 깨달은 분, 명지와 덕행을 구족하신 분, 잘 가신 분, 세상을 아시는 분, 가장 높은 분, 사람들을 길들이시는 분, 신들과 인간의 스승이신 분, 깨달으신 분, 세상에 존귀한 분입니다.'라고 확고한 믿음을 지닙니다.

그는 담마에 관해 이와 같이 '잘 말씀하셨으며, 스스로 보아 알 수 있으며, 시간이 걸리지 않으며, 와서 보며, 향상으로 인도하며, 지혜로운 이들이 각자 알아야 하는 것입니다.'라고 확고한 믿음을 지닙니다.

그는 제자들의 승가에 관해 이와 같이 '훌륭하게 실천하는 세존의 제자들의 승가, 정직하게 실천하는 세존의 제자들의 승가, 아는 것을 실천하는 세존의 제자들의 승가, 바르게 실천하는 세존의 제자들의 승가, 이와 같이 세존의 법을 따르는 제자들의 승가는 네 쌍·여덟 분의 성자들(cattāri purisayugāni, aṭṭha purisapuggalā, 四雙八輩)로 이루어졌으니, 공양 받을 만하시고, 대접 받을 만하시고 보시 받을 만하시고 존경 받을 만하시고 세상의 위없는 복밭입니다.'라고 확고한 믿음을 지닙니다.

그와 같이(yathodhi) 마음의 장애를 놓아버리고 몰아내고 없애고 버리고 완전히 포기할 때에, 그는 비로소 '나는 부처님에 관해 확고한 믿음을 지닌다.'라는 의미의 즐거움을 얻고, 법의 즐거움을 얻고, 법과 함께하는 환희를 얻습니다. 환희로 인한 희열이 생겨나고, 희열이 있는 자에게는 몸이 경안해지고(passambhati), 몸이 경안한 자는 행복을(sukha) 느끼고, 행복한 이의 마음은 삼매에 듭니다.

그는 '나는 법에 관해 확고한 믿음을 지닌다.'라는 의미의 즐거움을 얻고, 법의 즐거움을 얻고, 법과 함께하는 환희를 얻습니다. 환희로 인한 희열이 생겨나고, 희열이 있는 자에게는 몸이 경안해지고, 몸이 경안한 자는 행복을 느끼고, 행복한 이의 마음은 삼매에 듭니다.

그는 '나는 승가에 관해 확고한 믿음을 지닌다.'라는 의미의 즐거움을 얻고, 법의 즐거움을 얻고, 법과 함께하는 환희를 얻습니다. 환희로 인한 희열이 생겨나고, 희열이 있는 자에게는 몸이 경안해지고, 몸이 경안한 자는 행복을 느끼고, 행복한 이의 마음은 삼매에 듭니다.

그가 '그와 같이 마음의 장애를 놓아버리고 몰아내고 없애고 버리고 완전히 포기할 때에'라고 생각하며 이익으로 인한 즐거움을 얻고, 법의 즐거움을 얻고, 법과 함께하는 환희를 얻습니다. 환희로 인한 희열이 생겨나고, 희열이 있는 자에게는 몸이 경안해지고, 몸이 경안한 자는 행복을 느끼고, 행복한 이의 마음은 삼매에 듭니다.[18)]

이 장의 서두에서 세존께서는 바라문 청년 수바에게 감각적 욕망의 위험성을 간략하게 이야기하셨습니다. 통상적으로 경전에서 감각적 욕망을 설명하는 방식은 먼저 그 위험을 이야기한 후, 이러한 위험에서 벗어나는 피난처를 설명하는 것입니다. 그러나 본 경전에서는 이러한 설명이 대단히 간략하게 서술되어 있으므로, 여기에서는 이에 대하여 다른 경전들을 인용하여 보충 설명을 하였습니다. 이어지는 4장에서는 더 높은 마음, 곧 선정의 계발에 관하여 설명할 것입니다.

4

•

세존의 실천 :
선정–높은 마음의 계발

1) 감각적 욕망 없는 희열

"바라문 청년이여, 그대는 어떻게 생각합니까? 마른 풀과 나무와 같은 연료로 불을 붙이는 것과 마른 풀과 나무와 같은 연료 없이 불을 붙이는 것 중에서 어느 쪽이 불꽃과 화염으로 빛나겠습니까?"

"존경하는 고따마님, 마른 풀과 나무와 같은 연료 없이 불을 붙이는 것이 가능하다면, 그 불이 불꽃과 화염으로 빛납니다."

"바라문 청년이여, 신통 변화 없이(aññatra iddhimatā) 마른 풀과 나무와 같은 연료 없이 불을 붙이는 것은 불가능합니다. 바라문 청년이여, 마른 풀과 나무와 같은 연료를 조건으로 불이 타오르는 것과 같이 다섯 가지 감각적 욕망의 다발을 조건으로 희열(pīti)이 있으므로 바라문 청년이여, 나는 그와 같이 이 희열이 있다고 말합니다.

바라문 청년이여, 마른 풀과 나무와 같은 연료 없이 불이 타오른다면, 바라문 청년이여, 나는 그와 같이 감각적 욕망 없이, 불선법도 없는 그런 희열이 있다고 말합니다.

바라문 청년이여, 감각적 욕망 없는, 불선법도 없는 희열은 어떠한 것입니까?

바라문 청년이여, 이 세상에서 비구가 감각적 욕망을 버리고 불선법을 벗어나, 사념(邪念) 안 함과 함께하고(savitakka) 사념(邪念) 안 함을 지속함과 함께하고(savicāra), 벗어남에서 생긴 희열과 행복을 갖춘 첫 번째 선정을 증득하여 머무릅니다. 바라문 청년이여, 이것이 바로 감각적 욕망이 없고, 불선법이 없는 희열입니다.

또한 바라문 청년이여, 여기 비구는 사념(邪念) 안 함과 사념 안 함을 지속함(vitakkavicāra)이 가라앉고(vūpasama), 안으로 고요하게 하여 마음을 하나로 모으고, '사념(邪念) 안 함과 사념(邪念) 안 함을 지속함'이 없는 삼매에서 생긴 희열과 행복의 두 번째 선정을 증득하여 머무릅니다. 바라문 청년이여, 이것이 바로 감각적 욕망이 없고, 불선법이 없는 희열입니다."

「수바경」 중 이 부분에서는 세존께서 일반적인 서술방식과는 달리, 선정의 여러 요소들 중 하나인 희열을 부각시키면서, 특히 비유를 사용하여 단계적으로 질문하고 있습니다.

먼저 세존께서는 바라문 청년 수바에게 연료로 불을 붙이는 것과 연료 없이 불을 붙이는 것 중 어느 쪽이 더 화염으로 빛나겠느냐는 질문으로 시작하면서 상대방의 관심을 유도합니다. 연료 없이 불을 붙이는 것이 더 화염으로 빛나리라는 수바의 답을 끌어낸 세존께서는, 다음 단계로 연료를 감각적 욕망에, 화염을 희열에 비유하십니다. 즉 세존께서는 감각적 욕망의 다발을 조건으로 하지 않는, 불선법이 없는 희열이 가능하다는 것을 제시하시면서 수바의 호기심을 자극합니다.

마지막으로 세존께서는 그러한 희열은 바로 첫 번째 선정과 두 번째 선정을 통해 얻을 수 있다고 설명하십니다.

일반적으로 경전에서 선정의 서술에는 정형적인 방식이 있습니다. 첫째, 색계 1선부터 차례대로 색계 4선정을 모두 서술하는 경우, 둘째, 색계 1선부터 무색계 선정까지 서술하는 경우, 셋째, 색계1선부터 상수멸정까지 9선정을 모두 차례대로 서술하는 경우로 나누어 볼 수 있습니다.

그러나 본 경전에서는 독특하게 색계 1선과 2선만을 중심으로 서술하고 있습니다. 왜냐하면 색계 4선정 중에서 희열은 색계 1선과 2선에만 나타나며 색계 3선부터 희열은 버려지기 때문입니다.

이렇게 희열을 통한 색계 1선과 2선에 대해서만 설명하는 이곳의 설명 방식은 바라문 청년 수바를 특별히 배려한 것이라 생각됩니다. 현재 대화하고 있는 상대방이 누군가에 따라 각각 다르게 말씀하시는 부처님의 다양한 표현력에 감탄을 금할 수 없습니다.

앞서 신통의 기초가 되는 색계 4선에 대해 매우 간략히 살펴보았는데(p.43) 여기서는 본 경전의 표현방식에 따라 희열이 있는 두 가지 선정만 살펴보겠습니다. 희열이 생기는 원인은 색계 1선에서는 '벗어남'에서 생기고(vivekaja), 색계 2선에는 '삼매'에서 생기는 것으로(samādhija) 서로 달리 표현하고 있습니다. 선정에 관한 부분은 높은 마음의 계발에서 매우 중요한 부분이므로 선정의 구성요소를 상세히 설명하고자 합니다.

2) 선정의 구성요소들

다섯 가지 장애(pañca-nivaraṇa, 五蓋), 즉 감각적 욕망, 악의, 해태와 혼침, 들뜸과 회한, 회의적 의심은 현상을 있는 그대로 보지 못하도록 방해하는 요소들입니다. 수행자가 이들 다섯 가지 장애로부터 점차 벗어나 첫 번째 선정을 성취하게 됩니다.

본문 구절에서 '감각적 욕망(kāma)'을 버리고 '불선법

(akusalehi dhamma)'에서 벗어남은 세 가지의 벗어남을 의미하는데, 몸의 벗어남(kāyaviveka), 마음의 벗어남(cittaviveka), 억제의 벗어남(vikkhambhanaviveka)입니다.[19)]

'몸의 벗어남'은 감각적 욕망의 원인(vatthu)으로부터 벗어남을 의미하고, '마음의 벗어남'은 불선법 즉 감각적 욕망으로 인한 오염(kilesa)에서 벗어남을 의미합니다. '억제의 벗어남'은 선정의 요소들과 양립하지 못하는 장애, 즉 다섯 가지 장애들을 포기하고 버리는 것을 의미합니다.

수행자가 이와 같은 방법으로 열렬히 방일하지 않고 통찰하면 이전에 경험해 보지 못한 '흥분 또는 몸의 떨림'이 나타나며 그로 인한 즐거운 느낌을 경험하게 됩니다. 이들이 '벗어남에서 생겨난 희열과 행복'입니다. 물론 이와는 다른 여러 가지 마음에서 일어나는 현상들도 경험하게 되지만 그러한 것들에 관심을 기울이지 말고 다만 그 현상들의 일어남·사라짐만 관찰하면 됩니다. 이와 같은 노력이 방일하지 않고 열렬히 지속되면 첫 번째 선정인 색계 1선이 정착됩니다. 이 첫 번째 선정의 구성요소로 ㉠ 사념(邪念) 안 함(vitakka), ㉡ 사념 안 함을 지속함(vicāra), ㉢ 희열

(pīti), ㉣ 행복(sukha), ㉤ 집중(ekaggata)을 들고 있습니다.

사념 안 함과 사념 안 함을 지속함

'사념 안 함(vitakka)'은 'vi'+'√takka'로 분석되는 단어입니다. 'vi'는 '다르다', '하지 않다' 또는 '분리하다'의 의미입니다. 'takka'는 동사 'Takketi(생각하다, 사유하다)'의 명사형으로 '사유'의 의미입니다. 『디가 니까야』의 「범망경」에서 세존께서는 당시의 외도의 한 부류를 가리켜 다음과 같이 말씀하셨습니다.

"비구들이여, 여기 어떤 사문이나 바라문은 사유가요, 분석가이다. 그는 추론하고 분석을 계속 반복하여 스스로 이렇게 말한다. '자아와 세계는 영원하니 황량한 벌판과 같고 산의 정상과 같고 성문의 기둥과 같이 견고하다.'"[20]

여기서 '사유가'는 'takki'의 번역인데 이는 당시의 논쟁을 위해 헛된 사변을 일삼으며 공허한 사상을 즐기는 바라문 혹은 외도들을 말합니다. 그러므로 저는 'takka'의 의미를 '사념(邪念)'으로 생각합니다. 이는 일으키는 생각들이 당면 현상을 적절히 해결하기 위함이 아니라 단지 논쟁이나 사변적인 자기만족을 위해 사유하는 것을 의미합니다. 국내에서는 'vitakka'의 의미는 '주시', '시초의 마음 기울임', '일으킨 생각' 등으로 번역되고 있으나, 저는 이를 '사념 안 함'으로 번역합니다.

'사념 안 함을 지속함(vicāra)'은 'vi'+'√cāra'로 나누어지며, 여기서 'vi'의 의미는 앞서 서술한 '위딱까(vitakka)'의 'vi'와 달리 'cāra' 본래 의미를 강조하는 용법으로 쓰였습니다. 'cāra'는 동사 'carati(행동하다, 건너다, 계속하다)'의 명사형으로 어떤 행위를 지속하는 것을 의미합니다. 국내에서는 '계속 주시함', '지속적 마음 기울임' 또는 '지속적 고찰' 등으로 번역되고 있습니다. '사념 안 함을 지속함'은 공허한 사유에서 비롯된 사념 안 함을 지속적으로 유지함을 의미합니다. 그러므로 선정을 이야기할 때 '사념 안 함을 지속함(vicāra)'은 항상 '사념 안 함'과 쌍으로 서술되므로 '사념 안 함'으로 시작된 상태를 지속시킨다는 의미입니다.

이들 '사념 안 함'과 '사념 안 함을 지속함'은 사성제와 팔정도로 대표되는 세존의 실천적인 가르침을 구체적으로 세세하게 언급하고 있지는 않습니다. 그러나 이 단어들은 보다 높은 마음을 계발하는 데 필요한 포괄적인 사유와 행위의 방향을 제시해 준다고 할 수 있습니다. 이들은 이미 감각적 욕망의 위험성을 알고 그것으로부터 벗어나 안식처를 찾는 수행자들을 위한 근본적 사유와 행위의 방향을 가리키고 있으며, 중도와 사성제와 팔정도를 모두 아우르는 넓은 개념이라고 할 수 있습니다. 이런 '사념 안 함'과 '사념 안 함을 지속함'을 『청정도론』에서는 다음과 같이 설명하고 있습니다.

"사념 안 함(vitakka)'은 제거한다는 의미이며, 이것은 대상에 대하여 마음을 고정하는 것이 특성이며, 두드리고 치는 것이 역할이며, 대상에 대하여 마음을 움직이는 것이 가까운 원인입니다.

'사념 안 함을 지속함(vicāra)'은 계속 따라서 바르게 움직인다는 의미이며, 이것은 대상을 계속 문지르는 것이 특성이며, 함께 생긴 것들을 계속 붙들어 두는 것이 역할이며, 마음에 대하여 계속 속박하는 것이 가까운 원인입니다.

'사념 안 함'이 종을 치는 것이라면, '사념 안 함을 지속함'은 종이 울리는 것과 같습니다. '사념 안 함'이 꽃을 향하여 벌이 날아가는 것이라면, '사념 안 함을 지속함'은 꽃의 주변에서 벌이 붕붕거리는 것과 같습니다. '사념 안 함'이 원의 중앙에 꽂혀 있는 컴퍼스의 핀이라면, '사념 안 함을 지속함'은 둘레를 회전하는 핀과 같습니다."[21]

제1선의 요소로 사념(邪念) 안 함(vitakka)과 사념(邪念) 안 함을 지속함(vicāra)의 노력이 계속되면 마음에 어떤 현상이 나타납니다. 이를 흔히 표상(nimitta)이라고 하는데 이 현상은 주로 '빛'의 형태로 나타납니다. 이것을 처음 경험한 이들은 마치 훌륭한 성취를 한 것처럼 착각하여 이를 즐기는 경향도 있습니다. 그러나 이것은 위의 노력을 하는 수행자들에게 흔히 나타나는 현상으로 이런 현상을 즐기게 되면 잘못된 길로 빠질 수 있으므로 주의가 필요합니다. 표상의 원래 의미는 이와 다소 차이가 있기에 경전에 입각하여 이 장의 뒷부분(p. 97)에서 상세히 설명하겠습니다.

희열(pīti)과 행복(sukha)

희열은 '즐거움, 기쁨, 기쁨이 넘침, 명랑함, 명쾌함, 유쾌함, 열광, 흥분, 마음의 만족'으로 정의되며[22] 기쁨(joy) 또는 환희(rapture)로 번역됩니다. 희열이 생기면, '사랑 받음, 몸과 마음을 상쾌하게 함, 환희가 넘침, 의기양양함' 등의 특성을 동반하게 됩니다.[23] 희열을 느끼면 몸이 평온해집니다.[24] 평온함은 다시 행복으로 인도되고, 행복을 토대로 마음은 집중하게 됩니다. 희열은 수행자에게 초선이 정착되기 전부터 생겨나며 색계 2선정까지 지속됩니다.

일반적으로 희열의 종류[25]를 다섯 가지로 들고 있지만 희열의 발생원인으로 보면 '벗어남'과 '삼매'에서 생긴 것두 가지로 볼 수 있습니다. 1선을 거쳐 '사념(邪念) 안 함'과 '사념(邪念) 안 함을 지속함'이 가라앉은 2선의 삼매에서 생긴 희열이 훨씬 정밀하며 고요합니다. 여기서 정밀하며 고요하다는 것은 희열을 아는 자의 관점에서 본 것으로 색계 4선정의 전체적인 관점에서 보면 희열이 있는 상태의 선정의 고요함은 다소의 들뜸을 수반하고 있습니다.

이러한 희열은 감각적 욕망과 다섯 가지 장애들을 포함하는 불선의 담마들로부터 벗어남으로써 생겨납니다. 『맛지마 니까야』의 「아싸뿌라의 큰 경(mahāassapurasutta; MN39)」에서는 이때의 몸을 다음과 같이 표현하고 있습니다.

"그는 그의 몸을 벗어남에서 생겨나는 희열과 행복이 흐르게 하고(abhisandeti), 넘치게 하고(parisandeti), 가득 채우고(paripūreti) 퍼지게 함으로써(parippharati), 그의 몸의 어느 곳도 벗어남에서 생겨나는 희열과 행복으로 퍼지지 않음(apphuṭaṃ)이 없습니다.

예를 들면, 비구들이여, 유능한 목욕사나 그의 도제가

금속 대야에 세제를 풀고 물을 붓고 또 휘저으면, 세제 덩어리는 물이 스며들고, 물에 흠뻑 젖어, 안팎이 가득 차서, 물기가 새어 나오지 않는 것과 같습니다."[26]

집중(ekaggatā)

집중은 어떤 대상에 대해 항상 일어나는 마음 작용으로서, 그것은 마음을 대상에 하나로 모읍니다. 그것은 산만함이 없는 특성, 산만함을 제거하는 역할을 하며, 동요하지 않음으로 나타나며, 가까운 원인은 행복(Sukha)입니다.[27]

선정의 요소로서 마음집중은 항상 선한 대상을 지향하며 불선의 영향, 특히 감각적인 욕망이라는 장애를 물리칩니다. 선정에 장애가 없기 때문에, 집중은 이전부터 지속되어온 집중의 노력에 근거하여 특별한 힘을 얻습니다.

3) 표상(nimitta)

수행자가 다섯 가지 장애로부터 벗어나기 위해 계속 노력하면 첫 번째 선정을 성취하기 전부터 마음에 어떤 현상이 나타납니다. 이를 흔히 표상(nimitta)이라고 부릅니다. 이 현상은 여러 가지 형태로 나타나는데 주로 '빛'의 형태로 부각되는 경우가 많습니다. 그러나 이런 현상을 즐기게 되면 잘못된 길로 빠질 수 있으므로 주의가 필요합니다. 이 표상에 대한 서술 방식은 『청정도론』과 경전이 약간 다릅니다. 이것은 『청정도론』이 쓰여진 당시 시대적 상황과 지역적인 특징이 반영된 것으로 여겨집니다. 경전에서 볼 수 있는 표상의 원래 의미는 『청정도론』에서 쓰이는 의미와 다소 차이가 있기에 여기에서는 경전에 입각하여 표상에 대하여 상세히 설명하겠습니다.

표상의 의미

'니미따(nimitta)'의 어원은 명확하지 않으며, 산스끄리뜨어 역시 'nimitta'로 빨리어와 동일합니다. 국내에서는 표상으로 번역되고 있으며, 사전적 의미는 크게 두 가지로 볼 수 있습니다. 첫째, 표시(sign) 또는 특징(characteristic)의 의미이고, 둘째, 원인(cause) 또는 근거(ground)의 의미입니다. 첫째, 경전에서 표상이 표시 또는 특징의 의미로 쓰인 부분을 살펴보겠습니다. 『맛지마 니까야』의 「랏타빨라 경(Raṭṭhapālasutta; M 82)」에서는 랏타빨라 스님이 출가하여 아라한과를 얻은 후 세존의 허락을 얻어 친가에 갔다고 합니다. 랏타빨라 스님이 탁발을 위해 친가를 방문했을 때,[28] 하녀는 주인의 아들이 스님이 되어 탁발하러 집을 방문했음을 알았습니다. 이 상황을 경전을 통해 보겠습니다.

그 때, 랏타빨라 테라의 친가의 하녀가 지난밤에 남은 죽을 버리려고 했다. 그래서 랏타빨라 테라는 그 하녀에게 말했다.

"여인이여, 버릴 것이라면, 여기 나의 발우에 부어 주오."

랏타빨라 테라의 친가의 하녀는 지난밤에 남은 죽을

랏타빨라 테라의 발우에 부으면서, 그의 손과 발과 음성의 특징을 알아보았다(nimittaṃ aggahesi). 그래서 랏타빨라 테라의 친가의 하녀는 랏타빨라 테라의 어머니가 있는 곳을 찾았다. 가까이 다가가서 랏타빨라 테라의 어머니에게 말했다.

"귀부인이여, 아십니까? 부인의 아들 랏타빨라가 왔습니다."

"얘야, 네 말이 진짜라면, 너의 노예 신분을 면해 주겠다."

여기서 처음 랏타빨라 스님의 모습을 보고 목소리를 들었을 때 떠오르는 첫 번째 인상이 표상입니다. 만약 하녀가 랏타빨라 스님을 전혀 알지 못하는 외부인으로 생각했다면 이 인상은 그냥 일반적인 외부인의 모습이나 단순한 소리에 지나지 않았을 겁니다. 그러나 하녀는 랏타빨라 스님을 오래전이었지만 익숙하게 기억하고 있는 분이었기 때문에 이 인상은 익숙한 형태로 하녀에게 알려졌습니다. 그리고 하녀는 이 익숙한 인상으로 인해 예전에 기억하고 있던 랏타빨라 스님의 손과 목소리의 특징을 알았습니다.

또 『맛지마 니까야』의 「뽀딸리야경」에서 집주인은 어떤 이의 외양적 특징을 '니미따'라 칭한다고 했습니다.[29)]

둘째 표상이 원인(cause) 또는 근거(ground)의 의미로 사용되는 경우는 마음이 대상을 인식한 후 일어나는 여러 가지 생각들의 원인 혹은 근거를 뜻합니다. 대상을 인식한 후 일어나는 마음은 선(kusala), 불선(akusala)의 판단을 내포하므로 이러한 판단의 원인 혹은 근거의 의미로 쓰인다는 뜻입니다. 여기서 주의할 점은 표상이 단순히 긍정적으로만 인식되는 것이 아니라 부정적으로도 인식된다는 것입니다. 『앙굿따라 니까야』의 「표상경(nimitta sutta; A 2:8:1)」을 보겠습니다.

비구들이여, 표상이 있기 때문에 나쁜 불선법들이 일어난다. 표상 없이는 나쁜 불선법들이 일어나지 않는다. 바로 그 표상을 버림으로써 나쁜 불선법들은 일어나지 않는다.

「묻고 답함의 큰 경(mahāvedallasutta; M 43)」에서는 표상 없는 마음의 해탈(animittāya cetovimuttiyā)에 대해 설명하면서 세 가지 오염의 뿌리인 탐(rāgo)·진(doso)·치(moho)를 표상을 만드는 것(nimittakaraṇo)으로 지적하고 있습니다.30)

이러한 표상을 만드는 것 세 가지, 즉 탐·진·치에서 벗어나기 위하여 수행자들은 감각기관의 단속을 실천해야 합니다. 바라문 청년 수바가 세존께서 반열반에 드신 후 아난다 스님을 찾아가 나눈 대화를 담은 『디가 니까야』의 「수바경(Subha Sutta; D10)」에는 이런 내용이 잘 나타나 있습니다.

바라문 청년이여, 그러면 어떻게 비구는 감각의 대문을 잘 지키는가?

바라문 청년이여, 여기 비구는 눈으로 형상을 봄에 그 표상을 취하지(nimittaggāhī) 않으며, 또 계속 이어지는 특상을 취하지도 않는다(nānubyañjanaggāhī).

만약 그가 눈의 감각기관(cakkhundriya, 眼根)을 단속하지 않으면 탐욕과 괴로운 느낌에 대한 나쁘고 해로운 법

들(akusalā dhamma, 不善法)**이 그에게 흘러 들어갈 것이다. 따라서 그는 눈의 감각기관을 단속하며, 보호하고, 눈의 감각기관을 단속하는 것을 실천한다.**[31)]

표상은 감각기관으로 각각의 대상을 지각할 때 처음 일어나는 대상에 대한 인상을 말합니다. 여기서 인상이란 일종의 신호입니다. 이 인상은 개개인의 경험과 지적인 수준에 따라 각각 다릅니다.

계속 이어지는 특상(anubyañjana, 細相, 特相)은 표상을 인식한 후 이어서 대상을 특성으로 아는 것을 말합니다. 특성으로서 안다는 것은 대상에 대한 가치판단이 들어가 있음을 의미합니다. 감각기관을 단속하여 대상과 마주하면서 일어나는 생각의 전개를 차단하여 순간순간의 대상과 있는 그대로 마주하는 것이 '감각기관을 단속'하는 것입니다. 익숙한 길을 걸으면서 마주하는 일상적인 대상들, 일상적인 주위의 사람이나 동물들을 마주하는 상황에서 감각기관을 단속한다는 것은 무슨 뜻일까요? 경전에 그 가르침이 나옵니다. 『수따니빠따』의 「코뿔소의 뿔 경(khaggavisāṇa Sutta)」에는 다음과 같은 구절이 나옵니다.

어지럽게 걷지 말고 두 눈을 내리깔고 감관을 살펴 마음을 보호하며,
탐욕에 젖지 말고 번뇌에 불타지도 않듯이, 코뿔소의 뿔처럼 혼자서 가라.[32)]

감각기관을 단속한다는 의미는 이와 같이 익숙한 대상과 마주쳤을 때 그에 대한 표상과 특상에 대한 마음이 일어나기 전에 알아차림과 바른 통찰로 단속한다는 의미입니다. 대상과 마주해서 이러한 마음이 일어나기 전에 주의를 기울인다는 것은 쉽지 않지만 우리는 마음에 알아차림을 확립하는 훈련을 함으로써 이것을 가능케 합니다.

이상과 같은 감각기관을 단속 또는 절제하는 것 외에 경전에서는 다섯 가지 종류의 단속을 설합니다. 즉 계(sīla), 알아차림(sati), 지혜(ñāṇa), 인내(khanti), 정진(viriya)의 단속(saṃvara)입니다. 이러한 다섯 가지의 단속을 통틀어 빠티

목카(계목)의 단속(pātimokkhasaṃvara)을 설하기도 합니다.

『상윳따 니까야』의 「말룽꺄뿌따경(mālukyaputtasutta; S 35.78)」에서 세존께서 말룽꺄뿌따에게 "알아차림을 잊고 애정의 표상(piyanimitta)에 마음을 기울이면 괴로움(dukkha)이 쌓이고 열반은 멀어진다."고 하셨습니다.[33)]

이와 같이 표상은 선법 또는 불선법의 원인 또는 근거의 의미로 쓰입니다. 표상은 오온 중 인식(saññā, 想)과 표리의 관계에 있습니다. 모든 인식은 이해하는 특성을 가집니다. '저것은 이렇다'라고 이해하는 것에 대해 표상은 조건이 되는 역할을 하는데, 마치 목수가 나무에 먹줄을 튕겨서 표시하는 것과 같습니다. 그렇게 표상을 취함으로써 대상을 확실하게 이해합니다. 그렇게 나타난 대상이 표상의 가까운 원인입니다. 이것은 마치 어린 사슴이 허수아비를 보고 '사람이다'라고 인식하는 것과 같습니다.[34)]

표상(nimitta)과 삼매(samādhi)

표상과 삼매의 계발과 관련하여 『상윳따 니까야』의 「요리사경(sūdasutta; S 47.8)」을 보겠습니다.

그것은 무슨 이유인가? 비구들이여, 그것은 바로 그 현명하고 경험 많고 솜씨 좋은 요리사가 자기 주인의 표상(nimitta)을 취했기 때문이다(uggaṇhāti). 비구들이여, 이와 같이 여기 현명하고 경험 많고 능숙한 비구는 몸에서 몸을 계속 관찰하며, 열렬히 알아차리고 바르게 통찰하고, 세계의 탐욕과 괴로움을 제거하며 지낸다. 그와 같이 몸에서(kāye) 몸을 계속 관찰하며 지내므로, 마음은 삼매에 들고, 오염들은 사라진다. 그는 그것에서 표상을 취한다. 느낌에서(vedanāsu)... 마음에서(cite)... 담마에서(dhammesu) 담마를 계속 관찰하며, 열렬히, 알아차리며 바르게 통찰하며, 세상의 탐욕과 괴로움을 제거하며 지낸다. 그와 같이 담마에서 담마를 계속 관찰하며 지내므로, 마음은 삼매에 들고, 오염들은 사라진다. 그는 그것

에서 표상을 취한다(uggaṇhāti).[35]

위의 「요리사경」에서, 요리사는 음식을 먹는 주인의 표상들(음식을 먹을 때 일어나는 여러 가지 현상들)을 잘 관찰하여 음식을 만드는 데 반영하고 금전 등의 대가를 얻었습니다. 마찬가지로 수행자는 사념처에서 일어나는 여러 현상들(표상)을 잘 관찰하면 그 대가로 마음은 삼매에 들고 오염들은 사라지며 결국에는 열반을 증득하게 될 것입니다.

경전에서는 요리사가 주인의 음식 먹는 모습을 관찰하는 것을 수행자가 몸과 마음에서 일어나는 여러 현상들을 관찰하는 것에 비유하고 있습니다. 또한 그에 대한 금전 등의 대가를 받는 것을 마음이 삼매에 들고 오염들이 제거되는 것에 비유했습니다.

수행자는 이러한 몸과 마음을 관찰할 때 순간순간 일어나는 여러 가지 신호, 즉 표상을 관찰해야 합니다. 이러한 관찰을 경전에서는 '이와 같이 알고 이와 같이 본다(evaṃ jānāti evaṃ passati')', '계속 관찰한다(anuassati)' 또는 '통찰한다(pajānāti)' 등의 표현을 씁니다. 그러나 이 관찰은 고정된 표상을 따라가거나 하나의 대상을 잡고 그것만을 취하는 노력을 하는 것이 아닙니다. 지금 여기에서 끊임없이 일어났다가 사라지는 몸·느낌·마음·담마를 알고 보며, 계속 관찰하고, 열렬히, 분명히 통찰하여 완전히 알고 두루 알게 됨으로써 위빳사나의 지혜가 드러나게 되는 것입니다. 만약 어떤 수행자가 이 때 나타난 하나의 표상을 취하여 그것을 대상으로 유지시키는 수행을 하게 되면 그때부터는 사띠빳타나 수행이 아니라 표상을 관념화하여 그 대상에 집중하는 삼매를 계발하는 것이 됩니다. 선정의 증득에 삼매가 중요하고 핵심적인 역할을 하지만 선정과 삼매를 동일시하는 것은 지양해야 합니다. 선정에는 다양한 선법들이 공존하고 있음을 꼭 기억해야 합니다.

『앙굿따라 니까야』의 「표상경(nimitta sutta; A 3.103)」을 살펴보겠습니다.

비구들이여, 높은 마음(adhicittamanuyuttena)을 닦는 비구는 적절하게 세 가지 표상에 마음을 기울여야 한다

(manasi kātabbaṃ). 적절하게 삼매의 표상(samādhinimittaṃ)에 마음을 기울여야 한다. 적절하게 노력의 표상(paggahanimittaṃ)에 마음을 기울여야 한다. 적절하게 평온의 표상(upekkhānimittaṃ)에 마음을 기울여야 한다.

비구들이여, 만약 높은 마음을 닦는 비구가 오직 삼매의 표상에만 마음에 기울이면 그의 마음은 자칫 게을러질 수 있다. 비구들이여, 만약 높은 마음을 닦는 비구가 오직 노력의 표상에만 마음에 기울이면 그의 마음은 자칫 들떠버릴 수 있다. 비구들이여, 만약 높은 마음을 닦는 비구가 오직 평온의 표상에만 마음에 기울이면 그의 마음은 번뇌를 멸하기 위하여 자칫 바르게 삼매에 들지 않을 수 있다.

비구들이여, 그러나 높은 마음을 닦는 비구가 적절하게 삼매의 표상에 … 노력의 표상에 … 평온의 표상에 마음에 기울이면 그때 그의 마음은 부드럽고 적합하고 빛나고 부서지지 않고 번뇌를 멸하기 위하여 바르게 삼매에 든다.

「표상경」에서는 세 가지 표상, 즉 삼매의 표상

(samādhinimitta), 노력의 표상(paggahanimitta), 평온의 표상(upekkhānimitta)을 들고 있습니다. 이것은 수행자의 노력으로 자연스럽게 얻어지는 표상을 적절히 통찰하라는 의미입니다.

모든 현상이 '무상'이라는 본성에 대한 통찰은 표상 없음(animitta)을 계발하는 것에 목적이 있습니다. 영원하다는 관념 또는 표상은 고유한 특성(sabhāva lakhaṇa)과 보편적 특성(sāmañña lakkhaṇa)에 대한 통찰로 제거할 수 있는데 이러한 표상 없음에 대한 통찰은 보다 높은 단계의 수행 즉 표상 없는 삼매(animitta samādhi)에 기초하며 결국 표상 없는 삼매(animitta samādhi)는 해탈을 의미합니다.

이것은 『상윳따 니까야』의 「표상 없음에 대한 질문경(animittapañhāsutta; SN 40.9)」에서 목갈라나가 설명한 표상 없는 마음의 삼매에서 잘 나타나 있습니다.

'표상 없는 마음의 삼매, 표상 없는 마음의 삼매라고 하는데, 표상 없는 마음의 삼매란 어떠한 것입니까?'라는 생각이 일어났습니다. 그때 스님들이여, 나는 이와 같

이 '여기 비구가 모든 표상을 마음에 떠올림이 없이 표상이 없는 마음의 삼매를 성취하여 머무릅니다. 이것을 표상 없는 마음의 삼매라고 한다.'라고 생각했습니다.

스님들이여, 나는 모든 표상을 마음에 떠올림이 없이 표상이 없는 마음의 삼매를 성취하여 머물렀습니다. 스님들이여, 그 때 나는 이러한 상태에 머물렀으나 표상에 이어지는(nimittānusāri) 의식(viññāṇa)이 지속되었습니다.

스님들이여, 이 때에 세존께서는 신통력으로 내게 다가와, 이와 같이 "목갈라나여, 바라문 목갈라나여, 표상 없는 마음의 삼매를 게을리하지 말라. 표상 없는 마음의 삼매를 마음에 확립하라. 표상 없는 마음의 삼매에 마음을 통일하라. 표상 없는 마음의 삼매에 마음을 집중하라."고 말씀하셨습니다. 스님들이여, 마침내 나는 모든 특징에 마음을 기울이지 않음으로써 표상 없는 마음의 삼매를 성취했습니다.[36)]

이 장에서 세존께서는 선정이라는 높은 마음의 계발을 '희열'의 관점에서 연료 없이 타오르는 불에 비유하심으로써 청년 수바에게 새로운 관점의 문을 여셨습니다. 세존께서는 선정 중에서도 특히 희열을 그 요소로 하는 첫 번째 선정과 두 번째 선정에 대해서만 수바에게 말씀하고 계신데, 이는 희열을 부각시키는 세존의 설명방식이라고 하겠습니다. 이에 따라, 이 책에서도 선정의 구성요소들을 고찰할 때, 첫 번째 선정과 두 번째 선정에 초점을 맞추어서 설명했습니다. 또한 현재 일부 잘못 이해되고 있는 표상에 관한 문제를 추가하여 알아보았습니다. 다음 장에서는 세존의 두루 유용한 실천방법으로 보시와 자애가 수바에게 제시됩니다.

5

•

세존의 실천 : 보시와 자애

1) 공감에서 우러나온 보시

"바라문 청년이여, 바라문들은 공덕을 짓고 선한 것을 성취하기 위한 이러한 다섯 가지의 법을 천명합니다. 바라문 청년이여, 바라문들은 공덕을 짓고 선한 것을 성취하기 위한 이러한 다섯 가지의 법 가운데 어느 것이 더욱 더 많은 공덕을 낳는 것이라고 천명합니까?"

"존경하는 고따마님, 바라문들은 공덕을 짓고 선한 것을 성취하기 위한 이러한 다섯 가지의 법 가운데 베풂(cāga)이 더욱더 많은 공덕을 낳는 것이라고 천명합니다."

"바라문 청년이여, 그대는 어떻게 생각합니까? 여기 한 바라문이 커다란 희생제(mahāyañño)를 준비합니다. 이때에 두 명의 바라문이 그 커다란 희생제에 참여하러 왔다고 합시다. 그 가운데 한 바라문이 '내가 식당에서 가장 좋은 자리, 가장 좋은 물, 가장 좋은 음식을 얻어야지, 다른 바라문이 식당에서 가장 좋은 자리, 가장 좋은 물, 가장 좋은 음식을 얻으면 안 된다.'라고 생각했다고 합시다.

바라문 청년이여, 다른 바라문이 식당에서 가장 좋은 자리, 가장 좋은 물, 가장 좋은 음식을 얻고, 그 바라문은 식당에서 가장 좋은 자리, 가장 좋은 물, 가장 좋은 음식을 얻지 못할 수가 있습니다.

바라문 청년이여, 다른 바라문이 식당에서 가장 좋은 자리, 가장 좋은 물, 가장 좋은 음식을 얻고, 나는 식당에서 가장 좋은 자리, 가장 좋은 물, 가장 좋은 음식을 얻지 못했다고 그는 화를 내고 불쾌해 할 것입니다.

바라문 청년이여, 이것에 대하여 바라문은 어떠한 과보(vipāka)를 말합니까?"

"존경하는 고따마님, 이 세상에 바라문들은 '이것으로 다른 사람이 화내고 불쾌해 해도 좋다.'는 식으로 보시를 하지는 않습니다. 오히려 바라문들은 공감에서(anukampā) 우러나온(jātika) 보시(dāna)를 합니다."

"바라문 청년이여, 그렇다면 바라문들에게 이런 여섯 번째의 공덕을 만드는 요소가 있으니 그것은 바로 공감에서 우러나는 것입니까?"

"존경하는 고따마님, 바라문들에게 이런 여섯 번째의 공덕을 만드는 요소가 있으니 그것은 바로 공감에서 우러나는 것입니다."

"바라문 청년이여, 바라문들은 공덕을 짓고 선한 것을 성취하기 위해 이러한 다섯 가지의 법을 천명하는데, 그대는 이들 다섯 가지 법이 재가자와 출가자 어느 쪽에 많이 있다고 봅니까?"

"존경하는 고따마님, 이들 바라문들이 공덕을 짓고 선한 것을 성취하기 위해 이러한 다섯 가지의 법을 천명하는데, 나는 이들 법이 출가자들에게 많이 있고 재가자들에게는 적다고 봅니다.

존경하는 고따마님, 재가자의 생활은 번잡하고 많은 의무, 많은 업무, 많은 활동을 하지만 항상 연속하여 진리를 말하지는 않습니다. 그러나 존경하는 고따마님, 출가자의 생활은 간소하고, 적은 의무, 적은 업무, 적은 활동을 하지만 항상 연속하여 진리를 말합니다. 존경하는 고따마님, 재가자의 생활은 번잡하고 많은 의무, 많은 업무, 많은 활동을 하므로, 항상 연속하여 고행을 하지는 않습니다. 존경하는 고따마님, 재가자의 생활은 번잡하고 많은 의무, 많은 업무, 많은 활동을 하므로, 항상 연속하여 청정범행을 하지 않습니다. 존경하는 고따마님, 재가자의 생활은 번잡하고 많은 의무, 많은 업무, 많은 활동을 하므로, 항상 연속하여 많은 독송을 하지 않습니다. 존경하는 고따마님, 재가자의 생활은 번잡하고 많은 의무, 많은 업무, 많은 활동을 하므로, 항상 연속하여 많은 베풂을 하지 않습니다.

그러나 존경하는 고따마님, 출가자의 생활은 간소하고, 적은 의무, 적은 업무, 적은 활동을 하므로 항상 연속하여 고행을 합니다. 존경하는 고따마님, 출가자의 생활은 간소하고, 적은 의무, 적은 업무, 적은 활동을 하므로 항상 연속하여 청정범행을 합니다. 존경하는 고따마님, 출가자의 생활은 간소하고, 적은 의무, 적은 업무, 적은 활동을 하므로 항상 연속하여 많은 독송을 합니다. 존경하는 고따마님, 출가자의 생활은 간소하고, 적은 의무, 적은 업무, 적은 활동을 하므로 항상 연속하여 많은 베풂을 합니다.

존경하는 고따마님, 바라문들은 공덕을 짓고 선한 것을 성취하기 위한 이러한 다섯 가지의 법을 천명하는데, 저는 이들 다섯 가지 법이 출가자에게 많고 재가자에게는 적다고 생각합니다."

이 책의 앞 부분(p. 37)에서 수바는 바라문들의 다섯 가지 실천 중 베풂을 최고의 공덕을 짓는 법으로 말하고 있습니다. 그리고 여기에 추가하여 바라문들의 실천이 진실한 것임을 말하기 위해 공감에서 우러나온 보시를 말하고 있습니다. 이에 대해 세존께서는 보다 궁극적인 법에 대해 말씀하시는데 먼저 경전에서 세존께서 베풂에 대해 어떻게 말씀하시는지 알아보겠습니다.

베풂(cāga)이란 자신의 소유물을 타인과 나누거나 공유하는 것을 뜻하며 인간이 현세에서 소유하는 물질적·감정적·심리적인 모든 것들을 포기·버림·극기의 마음을 계발하는 것이며, 오온에 대한 근원적인 이기심·탐욕·의욕·탐착·쾌락 그리고 편견의 제거를 포함합니다. 소멸·물러남·해탈·원하는 것이 없음·부숨 그리고 탐욕에서 벗어남과 같은 법들은 베풂과 같은 의미로 흔히 사용됩니다.

『상윳따 니까야』의 「마하나마경(mahānāmasutta; S 55.37)」에서 세존께서는 마하나마의 베풂에 대한 질문에 대하여 다음과 같이 설명합니다.

"세존이시여, 그러면 어떻게 재가신도는 베풂을 구족합니까?"

"마하나마여, 재가신도는 인색함의 때가 없는 마음으로 자기 집에 머무르니, 아낌없이 베풀고, 보답을 바라지 않고,[37] 주는 것을 기뻐하고, 구걸하는 사람에게 보시하고 나눔에 기뻐한다. 마하나마여, 이렇게 재가신도는 베풂을 구족한다."[38]

또 베풂은 행복을 가져오는 이익과 최고의 선함으로 설명되며[39] 재물(dhana)로 표현되기도 합니다.[40] 그러므로 베풂의 실천은 탐심은 물론 진심(瞋心; 성냄)을 제거하는 것이며 이러한 법들, 즉 탐욕 없음과 성냄 없음의 반대되는 법들을 향상하는 것입니다.[41]

세존께서는 베풂을 단독으로 말씀하시기보다 다른 선법들의 실천과 함께 말씀합니다.

첫째, 불법승 삼보에 대한 믿음과 함께 말씀합니다.[42]

둘째, 진리·절제·용기와 함께 설하며[43] 때로는 용기 대신 인욕(khanti)을 말씀하기도 합니다.[44]

셋째, 믿음·계·배움·반야와 함께 설합니다.[45] 믿음·계·배움·반야와 함께 베풂은 이들을 실천하는 사람들을 더 높은 단계로 향상시킵니다.[46] 불법승 삼보에 대한 믿음과 베풂을 실천하는 이들에게는 수다원이 보장됩니다.[47]

베풂은 보시보다 더 중요하고 포괄적인 실천이며 가난한 이들에게 음식을 보시하는 것은 베풂의 많은 측면 중 하나입니다.[48]

여기에 더해 수바는 바라문들이 '공감에서 우러나오는

보시'로 베풂을 실천한다고 하여 바라문들의 실천의 진실함을 주장하고자 합니다. 그렇지만 세존께서는 여기에서 한 발 더 나아가 이런 실천에서 두루 유용한 것이 바로 '원한 없고(averaṃ) 적의 없는(abyābajjhaṃ) 마음을 계발하는 것'이라고 말씀하십니다. 구체적으로 자애(mettā)를 말씀하시지는 않지만, 이것이 바로 자애를 의미하시는 것입니다.

2) 원한 없고 적의 없는 마음

"바라문 청년이여, 바라문들은 공덕을 짓고 선한 것을 성취하기 위한 이러한 다섯 가지의 법을 천명하므로, 나는 이것이 곧 마음에 두루 유용한 것이라고 말합니다. 그것은 원한 없고(averaṃ) 적의 없는(abyābajjhaṃ) 마음을 계발하는 것입니다.

바라문 청년이여, 이 세상에서 어떤 비구는 진리를 말하는 자(saccavādī)인데, '나는 진리를 말하는 자이다'라고 그 의미 속에서 영감을 얻고 그 법 속에서 영감을 얻고 그리고 그 법과 함께하는 기쁨을 얻습니다. 그 선한 것과 함께하는 기쁨, 나는 이것이 곧 마음에 두루 유용한 것이라고 말합니다. 그것은 바로 원한 없고 적의 없는 마음을 계발하는 것입니다.

바라문 청년이여, 이 세상에서 어떤 비구는 고행을 하는 자(tapassī)인데, '나는 고행을 하는 자이다'라고 그 의미 속에서 영감을 얻고 그 법 속에서 영감을 얻고 그리고 그 법과 함께하는 기쁨을 얻습니다. 그리고 그 선한 것과 함께하는 기쁨, 나는 이것이 곧 마음에 두루 유용한 것이라고 말합니다. 그것은 바로 원한 없고 적의 없는 마음을 계발하는 것입니다.

바라문 청년이여, 이 세상에서 어떤 비구는 청정범행을 하는 자(brahmacārī)인데, '나는 청정범행을 하는 자이다'라고 그 의미 속에서 영감을 얻고 그 법 속에서 영감을 얻고 그리고 그 법과 함께하는 기쁨을 얻습니다. 그리고 그 선한 것과 함께하는 기쁨, 나는 이것이 곧 마음에 두루 유용한 것이라고 말합니다. 그것은 바로 원한 없고 적의 없는 마음을 계발하는 것입니다.

바라문 청년이여, 이 세상에서 어떤 비구는 많은 독송을 하는 자(sajjhāyabahulo)인데, '나는 많은 독송을 하는 자이다'라고 그 의미 속에서 영감을 얻고 그 법 속에서 영감을 얻고 그리고 그 법과 함께하는 기쁨을 얻습니다. 그리고 그 선한 것과 함께하는 기쁨, 나는 이것이 곧 마음에 두루 유용한 것이라고 말합니다. 그것은 바로 원한 없고 적의 없는 마음을 계발하는 것입니다.

바라문 청년이여, 이 세상에서 어떤 비구는 많은 베풂을 하는 자(cāgabahulo)인데, '나는 많은 베풂을 하는 자이다'라고 그 의미 속에서 영감을 얻고 그 법 속에서 영감을 얻고 그리고 그 법과 함께하는 기쁨을 얻습니다. 그리고 그 선한 것과 함께하는 기쁨, 나는 이것이 곧 마음에 두루 유용한 것이라고 말합니다. 그것은 바로 원한 없고 적의 없는 마음을 계발하는 것입니다.

바라문 청년이여, 바라문들은 공덕을 짓고 선한 것을 성취하기 위한 이러한 다섯 가지의 법을 천명한다면, 이와 같이 나는 이것이 곧 마음에 두루 유용한 것이라고 말합니다. 그것은 바로 원한 없고 적의 없는 마음을 계발하는 것입니다."

이처럼 말씀하시자 또데야의 아들 청년 수바는 세존께 이와 같이 여쭈었다.

"존경하는 고따마님, 저는 '사문 고따마는 범천들(brahma)과 함께하는(sahabyatāya) 길(magga)을 안다.'라고 들었습니다."

"바라문 청년이여, 그대는 그것을 어떻게 생각합니까? 날라까라 마을은 이곳에서 가깝지요? 날라까라 마을은 이곳에서 멀지 않지 않습니까?"

"그렇습니다. 날라까라 마을은 이곳에서 가깝습니다. 이곳에서 멀지 않습니다."

"바라문 청년이여, 어떻게 생각합니까? 여기 어떤 사람이 날라까라 마을에서 태어나서 성장한 사람이 있습니다. 지금 막 그 날라까라에서 떠나온 그에게 날라까라의 길을 묻는다면, 바라문 청년이여! 날라까라 마을에서 태어나서 성장한 사람이 지금 막 그 날라까라에서 떠나왔는데, 그에게 날라까라 마을의 길을 묻는다고 합시다. 바라문 청년이여! 날라까라 마을에서 태어나서 성장한 사람이 날라까라 마을의 길에 대해 질문을 받으면 머뭇거리거나 주저하겠습니까?"

"존경하는 고따마님, 그렇지 않습니다."

"그것은 무슨 까닭입니까?"

"존경하는 고따마님, 그 사람은 날라까라 마을에서 태어나서 성장하여, 날라까라 마을의 모든 길을 잘 알고 있기 때문입니다."

"그러나 바라문 청년이여, 실제로 날라까라 마을에서 태어나서 성장한 그 사람에게 날라까라 마을의 길을 묻는다면 머뭇거리거나 주저할 수 있더라도, 여래에게 범천 세계나 범천 세계에 이르는 길에 대하여 묻는다면 머뭇거리거나 주저함이 있을 수 없습니다.

바라문 청년이여, 나는 범천 세계를 잘 알고 있고, 범천 세계에 이르는 길을 꿰뚫어 알고 있고, 그렇게 수행하여 범천세계에 태어나는 것도 꿰뚫어 압니다."

"존경하는 고따마님, 저는 '사문 고따마는 범천들과 함께하는 길을 가르친다.'라고 들었습니다. 존경하는 고따마님께서는 범천들과 함께하는 길을 가르쳐 주시면 감사하겠습니다."

"바라문 청년이여, 그러면 잘 들으시오. 마음을 모두 모으십시오. 말하겠습니다."

"예, 그렇게 하겠습니다."

또데야의 아들 바라문 청년 수바는 세존께 대답했다. 세존께서는 이와 같이 말씀하셨다.

"바라문 청년이여, 범천들과 함께하는 길은 어떠한 것입니까?

바라문 청년이여, 이 세상에서 비구가 자애(mettā)와 함께하는 마음으로 첫 번째 방향을 가득 채우고 머무르고, 다음에는 두 번째 방향으로, 다음에는 세 번째 방향으로, 다음에는 네 번째 방향으로; 이렇게 위, 아래, 옆으로 어디서든 모두를 펼치고 모두를 넓혀서 세상을 가득하고 광대하고 한량없고 원한 없고 악의 없는 자애와 함께하는 마음으로 가득 채워 머무릅니다.

바라문 청년이여! 이와 같이 계발하면 자애로 마음이 해탈하고 그러면 제한적이지만 짓던 업은 거기서 더 이상 남지 않고 거기서 머물지 않게 됩니다.

바라문 청년이여, 마치 힘센 나팔수가 사방에 어려움 없이 소리를 알리듯, 자애와 함께하는 마음으로 첫 번째 방향을 가득 채우고 머무르고, 다음에는 두 번째 방향으로, 다음에는 세 번째 방향으로, 다음에는 네 번째 방향으로; 이렇게 위, 아래, 옆으로 어디서든 모두 펼치고 모두 넓혀서 세상을 가득하고 광대하고 한량없고 원한 없고 악의 없는 자애와 함께하는 마음으로 가득 채워 머무릅니다.

바라문 청년이여! 이와 같이 계발하면 자애로 마음이 해탈하고 그러면 제한적이지만 짓던 업은 거기서 더 이상 남지 않고 거기서 머물지 않게 됩니다. 바라문 청년이여, 이것이 범천들과 함께하는 길입니다.

바라문 청년이여, 이 세상에서 비구가 연민(karuṇā)과 함께하는 마음으로 첫 번째 방향을 가득 채우고 머무르고,

다음에는 두 번째 방향으로, 다음에는 세 번째 방향으로, 다음에는 네 번째 방향으로; 이렇게 위, 아래, 옆으로 어디서든 모두를 펼치고 모두를 넓혀서 세상을 가득하고 광대하고 한량없고 원한 없고 악의 없는 자애와 함께하는 마음으로 가득 채워 머무릅니다.

바라문 청년이여! 이와 같이 계발하면 연민으로 마음이 해탈하고 그러면 제한적이지만 짓던 업은 거기서 더 이상 남지 않고 거기서 머물지 않게 됩니다.

바라문 청년이여, 마치 힘센 나팔수가 사방에 어려움 없이 소리를 알리듯, 연민과 함께하는 마음으로 첫 번째 방향을 가득 채우고 머무르고, 다음에는 두 번째 방향으로, 다음에는 세 번째 방향으로, 다음에는 네 번째 방향으로; 이렇게 위, 아래, 옆으로 어디서든 모두 펼치고 모두 넓혀서 세상을 가득하고 광대하고 한량없고 원한 없고 악의 없는 연민과 함께하는 마음으로 가득 채워 머무릅니다.

바라문 청년이여! 이와 같이 계발하면 연민으로 마음이 해탈하고 그러면 제한적이지만 짓던 업은 거기서 더 이상 남지 않고 거기서 머물지 않게 됩니다. 바라문 청년이여,

이것이 범천들과 함께하는 길입니다.

바라문 청년이여, 이 세상에서 비구가 더불어 기뻐함과(muditā) 함께하는 마음으로 첫 번째 방향을 가득 채우고 머무르고, 다음에는 두 번째 방향으로, 다음에는 세 번째 방향으로, 다음에는 네 번째 방향으로; 이렇게 위, 아래, 옆으로 어디서든 모두를 펼치고 모두를 넓혀서 세상을 가득하고 광대하고 한량없고 원한 없고 악의 없는 더불어 기뻐함과 함께하는 마음으로 가득 채워 머무릅니다.

바라문 청년이여! 이와 같이 계발하면 더불어 기뻐함으로 마음이 해탈하고 그러면 제한적이지만 짓던 업은 거기서 더 이상 남지 않고 거기서 머물지 않게 됩니다.

바라문 청년이여, 마치 힘센 나팔수가 사방에 어려움 없이 소리를 알리듯, 더불어 기뻐함과 함께하는 마음으로 첫 번째 방향을 가득 채우고 머무르고, 다음에는 두 번째 방향으로, 다음에는 세 번째 방향으로, 다음에는 네 번째 방향으로; 이렇게 위, 아래, 옆으로 어디서든 모두 펼치고 모두 넓혀서 세상을 가득하고 광대하고 한량없고 원한 없고 악의 없는 더불어 기뻐함과 함께하는 마음으로 가득 채워 머무릅니다.

바라문 청년이여! 이와 같이 계발하면 더불어 기뻐함으로 마음이 해탈하고 그러면 제한적이지만 짓던 업은 거기서 더 이상 남지 않고 거기서 머물지 않게 됩니다. 바라문 청년이여, 이것이 범천들과 함께하는 길입니다.

바라문 청년이여, 이 세상에서 비구가 평온(upekkhā)과 함께하는 마음으로 첫 번째 방향을 가득 채우고 머무르고, 다음에는 두 번째 방향으로, 다음에는 세 번째 방향으로, 다음에는 네 번째 방향으로; 이렇게 위, 아래, 옆으로 어디서든 모두를 펼치고 모두를 넓혀서 세상을 가득하고 광대하고 한량없고 원한 없고 악의 없는 평온과 함께하는 마음으로 가득 채워 머무릅니다.

바라문 청년이여! 이와 같이 계발하면 평온으로 마음이 해탈하고 그러면 제한적이지만 짓던 업은 거기서 더 이상 남지 않고 거기서 머물지 않게 됩니다.

바라문 청년이여, 마치 힘센 나팔수가 사방에 어려움 없이 소리를 알리듯, 평온과 함께하는 마음으로 첫 번째 방향을 가득 채우고 머무르고, 다음에는 두 번째 방향으로, 다음에는 세 번째 방향으로, 다음에는 네 번째 방향으로; 이렇게 위, 아래, 옆으로 어디서든 모두 펼치고 모두 넓혀서 세상을 가득하고 광대하고 한량없고 원한 없고 악의 없는 평온과 함께하는 마음으로 가득 채워 머무릅니다.

바라문 청년이여! 이와 같이 계발하면 평온으로 마음이 해탈하고 그러면 제한적이지만 짓던 업은 거기서 더 이상 남지 않고 거기서 머물지 않게 됩니다.

바라문 청년이여, 이것이 범천들과 함께하는 길입니다."

'원한 없고 적의 없는 마음'은 곧 자애(mettā)입니다. 자애는 사랑, 호감의 의미를 가진 √mid가 어원이며, 친구의 의미를 지닌 mitra(Vedic), mitta(Pali)와 같은 어원을 가집니다. 빨리어 영어사전(PED)에서는 자애를 사랑, 호감, 공감, 우정, 타인에 대한 적극적 관심으로 정의합니다.[49] "무소의 뿔처럼 혼자서 가라"라는 구절로 널리 알려진 『수따니빠따』의 「코뿔소경(khaggavisāṇa sutta)」에는 자애와 관련하여 다음과 같이 서술되어 있습니다.

자애, 평온, 연민, 해탈과 함께 기뻐함을 실천할 때
모든 세상의 장애들이 사라지듯이,
코뿔소의 뿔처럼 혼자서 가라.[50)]

자애를 계발하는 방법은 경전의 여러 곳에 정형적인 형태로 서술되고 있는데 일반적으로 위의 경전 구절과 같이 다른 범천의 마음인 연민(karuṇā), 함께 기뻐함(mudita), 평온(upekkha)과 함께 서술됩니다. 자애는 모든 존재들을 포용하며, 연민은 고통을 감쌉니다. 함께 기뻐함은 행복하고 기뻐하는 이들의 마음까지 확장하고, 평온은 즐겁거나 괴롭거나 선악·사랑·미움까지 모두 초월하는 범천의 마음입니다.

자애 계발은 경전에서 몇 가지 다른 서술 형태가 있습니다.

첫째, 가장 널리 알려지고 독송되는 「자애경」은 마음에 일어나는 두려움과 공포를 없애고 자애계발로 인한 여러 가지 이익을 이야기합니다.

둘째, 다섯 가지 장애를 막고 이런 장애의 상대되는 마음인 선한 마음을 계발하는 수단으로서 자애를 계발하는 경우, 『앙굿따라 니까야』의 「증오정복경(Āghātapaṭivinaya-sutta; A5.161)」에서는 어떤 사람에게 증오가 생길 경우 자애 등을 계발하여 그 사람에게 생긴 증오를 정복해야 한다고 서술하고 있습니다.

셋째, 다섯 가지 장애에서 벗어나면서 색계 4선까지의 선정을 구족한 수행자가 범천과 함께하는 수단으로서 자애를 계발하는 경우, 『디가 니까야』의 「전륜성왕 사자후경(cakkavattisutta; D 26)」에서는 자애 등의 계발을 수행자의 재물로 표현하고 있습니다.

「자애경」에서 "원한이 없고 적의(악의) 없이 한없는 자애를 계발하라."라고 기원하면서 자애를 발현하는 예로서 "어머니가 하나뿐인 아들을 목숨 바쳐 보호하듯이 자애의 마음을 계발하라."고 하였습니다. 그리고 점점 그 대상을 주위의 존재들 등으로 범위를 확장하며 자애를 실천하라고 하고 있습니다.

본 경전에서는 바라문들이 공덕을 짓고 선한 것을 성취하기 위한 다섯 가지 실천 방법에 두루 유용한 것으로 '원한 없고 적의 없는 마음', 즉 자애를 계발하는 것을 강조합니다. 그리고 이 방법을 '범천들과 함께하는 길'로 이야기하고 있습니다.

이와 같은 범천들과 함께하는 길을 계발하면 "제한적이지만 짓던 업은 거기서 더 이상 남지 않고 머물지 않는다."고 합니다. 그러나 「우둠바리까 사자후경(udumbarikasutta; D 25)」에서는 이것만으로 완전한 해탈에 이를 수 없고 세 가지 명지 즉 전생을 기억하는 지혜, 중생들의 가고 옴을 아는 지혜, 번뇌를 소멸하는 지혜가 갖추어져야 완전한 해탈에 이른 것이라고 말씀하십니다.

3) 수바의 귀의와 찬탄

이처럼 말씀하시자 또데야의 아들 바라문 청년 수바는 세존께 이와 같이 말씀드렸다.

"존경하는 고따마님, 훌륭하십니다. 세존이신 존경하는 고따마님, 훌륭하십니다. 세존이신 존경하는 고따마님, 마치 넘어진 것을 일으켜 세우듯이, 가려진 것을 열어 보이듯이, 어리석은 자에게 길을 가리켜 주듯이, 눈 있는 자는 형상을 보라고 어둠속에서 등불을 들어 올리듯이, 세존이신 고따마께서는 이와 같이 여러 가지 방법으로 진리를 밝혀 주셨습니다.

그러므로 이제 세존이신 고따마께 귀의합니다. 또한 그 가르침에 귀의합니다. 또한 그 비구의 모임에 귀의합니다. 존경하는 고따마님께서는 재가신자로서 저를 받아주십시오. 오늘부터 목숨 바쳐 귀의하겠습니다."

"존경하는 고따마님, 그런데 우리는 이만 가봐야겠습니다. 우리는 할 일이 많고 해야 할 것이 많습니다."

"바라문 청년이여, 시간이 되었으니 할 일을 하십시오."

그러자 또데야의 아들 바라문 청년 수바는 세존께서 말씀하신 것에 만족하고 기뻐하여 자리에서 일어나 세존께 인사를 드리고 오른쪽으로 돌아 그곳을 떠났다.

그 무렵 바라문 자눗소니가 온통 백색의 백마가 이끄는 마차를 타고 대낮에 사왓티를 떠나고 있었다. 바라문 자눗소니는 또데야의 아들 바라문 청년 수바가 멀리서 오는 것을 보고는 그에게 물었다.

"자, 그대 바라드와자는 대낮에 어디에서 오시는지요?"

"저는 방금 사문 고따마에게서 오는 길입니다."

"그대 바라드와자는 어떻게 생각하십니까? 사문 고따마는 지혜롭고 뛰어나며 현자라고 생각합니까?"

"제가 어떻게 감히 사문 고따마가 지혜롭고 뛰어난 지 알 수 있겠습니까? 사문 고따마가 지혜롭고 뛰어난 지 알 수 있다면, 그와 동등한 자일 것입니다."

"그대 바라드와자는 참으로 사문 고따마를 최고의 찬사로써 찬양했습니다."

"제가 어떻게 감히 사문 고따마를 찬양할 수 있겠습니까? 사문 고따마는 신들과 인간 가운데 위없는 분이라는 찬사를 받고 있습니다.

바라문들이 공덕을 짓고 선한 것을 성취하기 위한 이러

한 다섯 가지의 법을 천명하였습니다. 사문 고따마는 이런 마음에 두루 유용한 것을 말합니다. 그것은 바로 원한 없고 적의 없는 마음을 계발하는 것입니다."

이와 같이 말하자 바라문 자눗소니는 온통 백색의 백마가 이끄는 마차에서 내려 한쪽 어깨에 옷을 걸치고 세존께서 계신 곳을 향해 합장하고 감탄하여 말했다.

"이렇게 오신 분, 거룩한 분, 올바로 원만히 깨달은 분께서 이 땅에 계시니, 꼬살라국의 왕 빠세나디는 행복하시다. 꼬살라국의 왕 빠세나디는 너무도 행복하시다."

바라문 청년 수바는 삼보에 귀의함으로써 세존의 제자가 되지만 비구로서 출가는 하지 않습니다. 이와 달리 수바와 비슷한 배경을 가진 바라문들의 이야기인 와셋타경, 삼명경에 등장하는 바라문 청년 와셋타와 바라드와자는 출가하여 아라한과를 증득합니다. 바라문 청년 수바는 돌아가는 길에 유명한 바라문 자눗소니를 만나 세존과 나눈 대화에 대해 짧게 대화를 나눕니다.

4) 제사와 보시의 이익

바라문 자눗소니는 본 경전의 또데야(Todeyya)와 같이 당시 저명한 브라만으로 잇차낭갈라에 머무르는 것으로 언급되며, 그곳에서 그는 브라만 지도자들의 정기적인 모임에 참여한 것으로 보입니다. 자눗소니의 원래 집은 사왓티에 있었으며, 종종 아나타삔디까 사원을 방문하여 세존의 가르침을 들었습니다. 자눗소니는 그의 개인 이름이 아니라 꼬살라 왕의 궁정 제관으로 지명된 바라문 계급의 이름으로 보입니다.[51] 그는 하얀 옷을 입고, 하얀 터번을 걸치고, 하얀 샌들을 신고, 하얀 부채를 들고 흰 암말이 끄는 흰색으로 치장된 마차를 타고 다녔습니다. 그의 마차는 사왓티에서 가장 훌륭한 것으로 간주되었습니다.[52]

그는 재가신자로서 부처님을 매우 존경하였는데 본문에 자신이 세존을 칭송하는 말에 수바가 감히 말로써 찬양할 수 없다고 답변한 것처럼 『맛지마 니까야』「코끼리 발자국 비유에 관한 작은 경(Culahatthipadopama Sutta; M 27)」에서 유행승 삘로띠까(Pilotika)와의 대화에서 같은 식으로 세존을 찬양하고 있습니다.

특히 『앙굿따라 니까야』「자눗소니경(Jaṇussoṇi-sutta; A 10:177)」에는 제사와 보시의 이익[53]에 관한 내용이 있습니다. 이 경전은 본서에서 다루는 주제와 관련이 있으므로 이 경전의 인용으로 본서를 마무리하겠습니다.

"존경하는 고따마님, 우리 바라문들은 '이 보시가 죽은 혼령인 친지와 혈육들에게 이익이 되기를. 이 보시를 혼령인 친지와 혈육들이 즐기기를' 하고 염원하면서 보시를 하고 제사를 지냅니다. 존경하는 고따마님, 이 보시가 혼령인 친지와 혈육들에게 이익이 되겠습니까? 이 보시를 혼령인 친지와 혈육들이 즐기겠습니까?"

"바라문이여, 경우에 따라 이익이 되기도 하고 이익이 되지 않기도 합니다."

"존경하는 고따마님, 그러면 무엇이 이익이 되는 경우

이고 어떤 것이 이익이 되지 않는 경우입니까?"

"바라문이여, 여기 어떤 자는 생명을 죽이고, 주지 않은 것을 가지고, 삿된 음행을 하고, 거짓말을 하고, 중상모략을 하고, 욕설을 하고, 잡담을 하고, 간탐하고, 마음이 악의로 가득 차 있고, 그릇된 견해를 가집니다.

그는 몸이 무너져 죽은 뒤에 지옥에 태어납니다. 그는 거기서 지옥 중생들이 먹는 음식으로 생명을 보존하고, 그는 그것으로 거기서 머뭅니다.

바라문이여, 이것이 바로 거기에 머무는 자에게 그 보시가 이익이 되지 않는 경우입니다."

"바라문이여, 여기 어떤 자는 생명을 죽이고, …, 그릇된 견해를 가집니다. 그는 몸이 무너져 죽은 뒤에 축생의 모태에 태어납니다. 그는 거기서 축생계의 중생들이 먹는 음식으로 생명을 보존하고, 그는 그것으로 거기서 머뭅니다.

바라문이여, 이것이 바로 거기에 머무는 자에게 그 보시가 이익이 되지 않는 경우입니다."

"바라문이여, 여기 어떤 자는 생명을 죽이는 것을 삼가고, 주지 않은 것을 가지는 것을 삼가고, 삿된 음행을 삼가고, 거짓말을 삼가고, 중상모략을 삼가고, 욕설을 삼가고, 잡담을 삼가고, 간탐하지 않고, 마음에 악의가 없고, 바른 견해를 가집니다.

그는 몸이 무너져 죽은 뒤에 인간들의 동료로 태어납니다. 그는 거기서 인간들이 먹는 음식으로 생명을 보존하고, 그는 그것으로 거기서 머뭅니다.

바라문이여, 이것이 바로 거기에 머무는 자에게 그 보시가 이익이 되지 않는 경우입니다."

"바라문이여, 여기 어떤 자는 생명을 죽이는 것을 삼가고, …, 바른 견해를 가집니다. 그는 몸이 무너져 죽은 뒤에 신들의 동료로 태어납니다. 그는 거기서 신들이 먹는 음식으로 생명을 보존하고, 그는 그것으로 거기서 머뭅니다.

바라문이여, 이것이 바로 거기에 머무는 자에게 그 보시가 이익이 되지 않는 경우입니다."

"바라문이여, 여기 어떤 자는 생명을 죽이고, …, 그릇된 견해를 가집니다. 그는 몸이 무너져 죽은 뒤에 아귀계에 태어납니다. 그는 거기서 아귀계의 중생들이 먹는 음식으로 생명을 보존하고, 그는 그것으로 거기서 머무르며 그곳의 친구나 동료나 친지나 혈육들이 제공해 준 것으로 거기서 생명을 보존하고, 그는 그것으로 거기서 머뭅니다.

바라문이여, 이것이 바로 거기에 머무는 자에게 그 보시가 이익이 되는 경우입니다."

"존경하는 고따마님, 만일 그 혼령인 친지와 혈육이 그곳에 태어나지 않으면 누가 그 보시를 즐깁니까?"

"바라문이여, 그곳에 태어난 다른 혼령인 친지와 혈육들이 그 보시를 즐깁니다."

"존경하는 고따마님, 만일 그 혼령인 친지와 혈육이 그곳에 태어나지 않고, 또 다른 혼령인 친지와 혈육들도 그곳에 태어나지 않으면 누가 그 보시를 즐깁니까?"

"바라문이여, 이 고독하고 기나긴 윤회의 여정에서 그에게 혼령인 친지와 혈육들이 없다는 것은 불가능하고 이치에 맞지 않습니다. 바라문이여, 결코 보시자에게 결실이 없지 않습니다."

"그러면 바로 이익이 되지 않는 경우에 태어났더라도

고따마 존자께서는 추측하실 수 있습니까?"

"바라문이여, 바로 이익이 되지 않는 경우에 태어났더라도 [보시의 결과를] 추측할 수 있습니다.

바라문이여, 여기 어떤 자는 생명을 죽이고, 주지 않은 것을 가지고, 삿된 음행을 하고, 거짓말을 하고, 중상모략을 하고, 욕설을 하고, 잡담을 하고, 간탐하고, 마음이 악의로 가득 차 있고, 그릇된 견해를 가집니다.

그러나 그는 사문이나 바라문에게 먹을 것과 마실 것과 입을 것과 탈것과 화환과 향수와 화장품과 침상과 숙소와 불 밝힐 것을 보시합니다. 그는 몸이 무너져 죽은 뒤에 코끼리들의 동료로 태어나게 됩니다. 그는 거기서 먹을 것과 마실 것과 화환과 같은 여러 장신구를 얻습니다.

바라문이여, 이 경우에 그가 생명을 죽이고, 주지 않은 것을 가지고, 삿된 음행을 하고, 거짓말을 하고, 중상모략을 하고, 욕설을 하고, 잡담을 하고, 간탐하고, 마음이 악의로 가득 차 있고, 그릇된 견해를 가졌기 때문에 그는 몸이 무너져 죽은 뒤에 코끼리들의 동료로 태어났으며, 그가 사문이나 바라문에게 먹을 것과 마실 것과 입을 것과 탈것과 화환과 향수와 화장품과 침상과 숙소와 불 밝힐 것을 보시했기 때문에 그는 거기서 먹을 것과 마실 것과 화환과 같은 여러 장신구를 얻습니다.

바라문이여, 여기 어떤 자는 생명을 죽이고, 주지 않은 것을 가지고, 삿된 음행을 하고, 거짓말을 하고, 중상모략을 하고, 욕설을 하고, 잡담을 하고, 간탐하고, 마음이 악의로 가득 차 있고, 그릇된 견해를 가집니다.

그는 사문이나 바라문에게 먹을 것과 마실 것과 입을 것과 탈것과 화환과 향수와 화장품과 침상과 숙소와 불 밝힐 것을 보시합니다. 그는 몸이 무너져 죽은 뒤에 말들의 동료로…, 소들의 동료로…, 개들의 동료로 태어납니다. 그는 거기서 먹을 것과 마실 것과 화환과 같은 여러 장신구를 얻습니다.

바라문이여, 이 경우에 그가 생명을 죽이고, …, 그릇된 견해를 가졌기 때문에 그는 몸이 무너져 죽은 뒤에 개들의 동료로 태어났으며, 그가 사문이나 바라문에게 먹을 것과 마실 것과 입을 것과 탈것과 화환과 향수와 화장품과 침상과 숙소와 불 밝힐 것을 보시했기 때문에 그는 거기서 먹을 것과 마실 것과 화환과 같은 여러 장신구를 얻습니다.

바라문이여, 여기 어떤 자는 생명을 죽이는 것을 삼가고, 주지 않은 것을 가지는 것을 삼가고, 삿된 음행을 삼가고, 거짓말을 삼가고, 중상모략을 삼가고, 욕설을 삼가고, 잡담을 삼가고, 간탐하지 않고, 마음에 악의가 없고, 바른 견해를 가집니다. 그는 사문이나 바라문에게 먹을 것과 마실 것과 입을 것과 탈것과 화환과 향수와 화장품과 침상과 숙소와 불 밝힐 것을 보시합니다. 그는 몸이 무너져 죽은 뒤에 인간들의 동료로 태어납니다. 그는 거기서 인간들에 속하는 다섯 가닥의 감각적 욕망들을 얻습니다.

바라문이여, 이 경우에 그가 생명을 죽이는 것을 삼가고, …, 바른 견해를 가졌기 때문에 그는 몸이 무너져 죽은 뒤에 인간들의 동료로 태어났으며, 그가 사문이나 바라문에게 먹을 것과 마실 것과…, 침상과 숙소와 불 밝힐 것을 보시했기 때문에 그는 거기서 인간들에 속하는 다섯 가닥의 감각적 욕망들을 얻습니다.

바라문이여, 여기 어떤 자는 생명을 죽이는 것을 삼가고, …, 바른 견해를 가집니다. 그는 사문이나 바라문에게 먹을 것과…, 침상과 숙소와 불 밝힐 것을 보시합니다. 그는 몸이 무너져 죽은 뒤에 신들의 동료로 태어납니다. 그는 거기서 신들에 속하는 다섯 가닥의 감각적 욕망들을 얻습니다.

바라문이여, 이 경우에 그가 생명을 죽이는 것을 삼가고, …, 바른 견해를 가졌기 때문에 그는 몸이 무너져 죽은 뒤에 신들의 동료로 태어났으며, 그가 사문이나 바라문에게 먹을 것과 마실 것과…, 침상과 숙소와 불 밝힐 것을 보시했기 때문에 그는 거기서 신들에 속하는 다섯 가닥의 감각적 욕망들을 얻습니다.

바라문이여, 이처럼 어떤 경우에도 보시자에게는 결실이 없지 않습니다."

"경이롭습니다, 존경하는 고따마님. 놀랍습니다, 존경하는 고따마님. 보시를 하는 것은 충분하고 제사를 지내는 것도 충분합니다. 그러면 어떤 경우에도 보시자에게는 결실이 없지 않기 때문입니다."

“바라문이여, 참으로 그러합니다. 어떤 경우에도 보시자에게는 결실이 없지 않습니다.”

부록

::

1

와셋타경

vāseṭṭha sutta

::

2

『불설 장아함경』의 「세기경」의 눈먼 이의 비유

1

와셋타경[54)]

vāseṭṭha sutta

이와 같이 나는 들었다. 한때에 세존께서는 잇차낭갈라에 있는 잇차낭갈라 깊은 정글에 계셨다. 그때 잘 알려지고 유명한 많은 바라문들이 잇차낭갈라에 머물고 있었다. 즉, 바라문 짱끼, 바라문 따룩카, 바라문 뽁카라사띠, 바라문 자눗소니, 바라문 또데이야, 이밖에 잘 알려지고 유명한 바라문들이 있었다.

그때 와셋타와 바라드와자라는 바라문 청년이 산책하며 여기저기 거닐다가 '바라문이란 무엇인가?'라는 논쟁을 벌였다. 바라문 청년 바라드와자는 이와 같이 말했다.

"혈통이 청정하여 7대의 조상대에 이르기까지 출생에 관해 논란되거나 비난받지 않은, 양쪽이 모두 훌륭한 부모에게서 태어났다면, 그를 두고 바라문이라 합니다."

그러자 바라문 청년 와셋타가 말했다.

"계를 지키며, 믿음에 대한 서약을 지닌 사람이 있다면 바로 그 사람이 바라문입니다."

그러나 바라문 청년 바라드와자는 바라문 청년 와셋타를 설득시킬 수 없었고, 바라문 청년 와셋타도 바라문 청년 바라드와자를 설득시킬 수가 없었다. 그래서 바라문 청년 와셋타는 바라문 청년 바라드와자에게 말했다.

"바라드와자여, 사꺄족인 사문 고따마님은 사꺄의 아들로서 출가하여 이곳 잇차낭갈라에 있는 잇차낭갈라 깊은 정글에 계십니다. 그 존경하는 고따마님께서는 이와 같이 '세존께서는 아라한이시며, 올바로 원만히 깨달은 분, 명지와 덕행을 구족하신 분, 잘 가신 분, 세상을 아시는 분, 가장 높은 분, 사람들을 길들이시는 분, 신들과 사람의 스승이신 분, 깨달으신 분, 세상에 존귀한 분입니다.'라고 덕행과 명성을 드날리고 있습니다. 바라드와자여, 사문 고따마님이 계신 곳을 찾아봅시다. 거기 가서 사문 고따마님께 그 뜻을 여쭈어 봅시다. 사문 고따마님이 설명하는 대로 그 뜻을 새기도록 합시다."

"그렇게 합시다."

이와 같이 바라문 청년 바라드와자는 바라문 청년 와셋타에게 대답했다.

그래서 바라문 청년 와셋타와 바라드와자는 세존께서 계신 곳을 찾았다. 가까이 다가가서 세존께 인사를 드리고 서로 안부를 주고받은 뒤에 한쪽으로 물러앉았다. 한쪽으로 물러앉은 바라문 와셋타는 세존께 이와 같은 게송으로 여쭈었다.

"우리는 모두 세 가지 베다에 정통했다고 자부하고 인정받고 있습니다. 저는 뽁카라사띠의 제자이고 이 사람은 따룩카의 제자입니다.

우리는 세 가지 베다를 완전히 통달했으며 어원, 문법과 논리도 저희 스승과 견줄 만합니다.

존경하는 고따마님, 우리는 출생에 대한 논쟁을 했는데, '출생에 따라 바라문이 있다'고 바라드와자는 말하지만, 저는 '행위에 따라 바라문이 있다'고 주장합니다.

눈을 가진 분께서는 이와 같이 알아주십시오.

우리는 서로 상대방을 설득시킬 수가 없습니다.

그래서 깨달은 분으로 널리 알려진 존경스러운 분께 여쭈려고 왔습니다.

달이 그렇게 차오르면, 사람들이 합장하며 기원하듯이, 이와 같이 세상 사람들은 고따마님께 예배하고 귀의합니다.

우리는 세상의 눈으로 출현하신 고따마님께 여쭙겠습니다.

'출생에 따라 바라문이 있습니까? 또는 행위에 따라 바라문이 있습니까?

바라문과 같은 앎에 대하여 무식한 우리에게 말씀해 주

십시오.'"

(세존께서 와셋타에게)

"나는 그대들에게 살아 있는 것들의 태어남을 분석하여 서로의 출생을 있는 그대로 차례대로 설명해 주겠습니다.

그대들은 비록 스스로 두루 알지 못하더라도
풀이나 나무에 대해서 잘 알아야 합니다.
그들은 서로 출생은 다르지만
태어남에 따른 특징을 갖고 있습니다.

또한 벌레나 나비는 물론 개미 등과 같은
곤충에 이르기까지
그들은 서로 출생은 다르지만
태어남에 따른 특징을 갖고 있습니다.

작은 것이나 큰 것이나 네발 달린 짐승들도
그대들은 알아야 합니다.

그들은 서로 출생은 다르지만
태어남에 따른 특징을 갖고 있습니다.

배로 기어다니는 길이가 긴 것들도
그대들은 알아야 합니다.
그들은 서로 출생은 다르지만
태어남에 따른 특징을 갖고 있습니다.

물속에 태어나 물속에서 살아가는 물고기들도
그대들은 알아야 합니다.
그들은 서로 출생은 다르지만
태어남에 따른 특징을 갖고 있습니다.

날개를 펴 하늘을 나는 새들도
그대들은 알아야 합니다.
그들은 서로 출생은 다르지만
태어남에 따른 특징을 갖고 있습니다.

각각 태어남에 따른 특징이 그런 출생을 따르지만
사람들에게는 이와 같이 태어남에 따른
서로 구별되는 특징이 없습니다.

머리카락에도 없고 머리에도 없고
귀에도 없고 눈에도 없고 입에도 없고 코에도 없고
입술에도 없고 눈썹에도 없습니다.

목에도 없고 어깨에도 없고 배에도 없고
등에도 없고 엉덩이에도 없고 가슴에도 없고
항문에도 없고 생식기에도 없습니다

손가락이나 손톱이나 손에도 없고 발에도 없고
얼굴, 피부색, 음성이나 종아리에도 없고
허벅지에도 없습니다. 그런 다른 출생처럼 (사람에게는)
태어남에 따른 특징이 없습니다.

사람들의 각각의 몸에서

이런 것들은 존재하지 않습니다.

사람들을 구성하는 것들을 명칭으로 부르는 것입니다.

사람들 가운데 소를 치며 살아가는 사람이 있다면, 와셋타여, 그는 농부이지 바라문이 아님을 알아야 합니다.

사람들 가운데 여러 가지 기술로 살아가는 사람이 있다면, 와셋타여, 그는 기술자이지 바라문이 아님을 알아야 합니다.

사람들 가운데 사고 파는 것으로 살아가는 사람이 있다면, 와셋타여, 그는 상인이지 바라문이 아님을 알아야 합니다.

사람들 가운데 남의 일을 해 주고 살아가는 사람이 있다면, 와셋타여, 그는 고용인이지 바라문이 아님을 알아야 합니다.

사람들 가운데 주지 않는 것을 빼앗아 살아가는 사람이 있다면, 와셋타여, 그는 도둑이지 바라문이 아님을 알아야 합니다.

사람들 가운데 활쏘기에 의해 살아가는 사람이 있다면, 와셋타여, 그는 전사이지 바라문이 아님을 알아야 합니다.

사람들 가운데 제사로 살아가는 사람이 있다면, 와셋타여, 그는 제관이지 바라문이 아님을 알아야 합니다.

사람들 가운데 고을이나 나라를 다스리는 사람이 있다면, 와셋타여, 그는 왕이지 바라문이 아님을 알아야 합니다.

나는 출생과 가계 때문에
그를 바라문이라고 하지 않습니다.
어떤 것에든 매여 있다면
그는 '존자여!'로 불리는 자일 뿐입니다.

어떤 것에도 집착하지 않는 그를
나는 바라문이라고 부릅니다.

그는 모든 족쇄를 끊어 진실로 집착하지 않으며,
집착을 뛰어넘어 속박을 풀어버린 그를
나는 바라문이라 부릅니다.

가죽끈과 족쇄와 고삐를 끊어버리고
빗장을 걷어올린 깨달은 분,
그를 나는 바라문이라 부릅니다.

그는 비난이나 폭력이나 구속을
성냄 없이 참고 견디니
인욕의 힘을 지닌 용맹한 장수,
그를 나는 바라문이라 부릅니다.

분노하지 않고 의무를 다하며
계행을 지키고 겸손하며

조련되었고 마지막 몸을 받은 분
그를 나는 바라문이라 부릅니다.

연꽃잎 위의 이슬처럼, 바늘 끝의 겨자씨처럼
감각적 욕망에 더럽혀지지 않는 분,
그를 나는 바라문이라 부릅니다.

괴로움을 통찰하여 이 세계에서 자기를 부순
짐을 내려놓고 속박을 풀어버린 분
그를 나는 바라문이라 부릅니다.

깊은 반야로 현명한 분,
바른 길과 삿된 길을 잘 알아
최상의 유익을 성취한 분,
그를 나는 바라문이라 부릅니다.

집에 머물든 집을 떠나 있든
누구와도 교제하지 않으니

집 없이 떠돌아다니며 바라는 바 없으니
그를 나는 바라문이라 부릅니다.

동물이든 식물이든 어느 생물에게도
폭력을 쓰지 않고
또 죽이거나 죽도록 내버려 두지 않는 분
그를 나는 바라문이라 부릅니다.

적의를 가진 자들을 적의 없이 만들고
폭력을 휘두르는 자들을 평화롭게 만드니
모든 집착에서 집착 없이 지내는 분
그를 나는 바라문이라 부릅니다.

바늘 끝에서 겨자씨가 떨어져 나간 것처럼
탐욕과 성냄뿐만 아니라 자만과 거짓이 떨어져 나간 분
그를 나는 바라문이라 부릅니다.

거친 말을 하지 않고 의미 있고 진실한 말을 하며

아무도 해치지 않는 분
그를 나는 바라문이라 부릅니다.

이 세상에서 길거나 짧거나 작거나 크거나
아름답거나 추하거나
주지 않는 것을 빼앗지 않는 분,
그를 나는 바라문이라 부릅니다.

이 세상이나 저 세상에 대해
더 이상 바람이 없어 욕망 없이 속박 없는 분
그를 나는 바라문이라 부릅니다.

무릇 집착하는 바가 없고, 의심 없이 깨달아
불사(amata, 不死)에 뛰어들어 도달한 분
그를 나는 바라문이라 부릅니다.

이 세상에서 공덕이나 악한 행위
어느 것에 대한 집착도 버리고

근심 없이 티끌 없이 청정한 분
그를 나는 바라문이라 부릅니다.

달이 티 없고 깨끗하듯 오염이 없어
쾌락과 존재를 완전히 부숴버린 분
그를 나는 바라문이라 부릅니다.

이 진흙길과 험로를 극복하고
윤회와 미혹을 뛰어넘어
탐욕 없고 의심 없이 피안의 언덕에 이르러
선정에 드신 분
취착 없이 소멸에 이른 분
그를 나는 바라문이라 부릅니다.

이 세상의 감각적 욕망을 버리고
집을 떠나 유행하며
감각적 욕망의 존재를 모조리 파괴한 분
그를 나는 바라문이라 부릅니다.

이 세상의 감각적 욕망을 버리고
집을 떠나 유행하며
갈애의 존재를 모조리 파괴한 분
그를 나는 바라문이라 부릅니다.

사람의 멍에를 버리고 천상의 멍에도 벗어나
모든 굴레를 벗어난 분
그를 나는 바라문이라 부릅니다.

애정과 증오를 버리고 고요하여 취착에서 벗어나니
온 세상을 이겨낸 영웅
그를 나는 바라문이라 부릅니다.

모든 중생들의 죽음과 태어남을 잘 알아
집착 없이 잘 가시고 깨달은 분
그를 나는 바라문이라 부릅니다.

신들, 건달바들, 사람들도

그들의 가는 곳을 알 수 없으니,
번뇌를 소멸한 존경할 만한 분
그를 나는 바라문이라 부릅니다.

앞, 뒤, 중간, 어떠한 것도 없고
아무것도 없이 집착하지 않는 분
그를 나는 바라문이라 부릅니다.

힘센 황소처럼 늠름한 영웅, 위대한 선인, 승리자
흔들림 없고 깨끗이 씻은 깨달은 분
그를 나는 바라문이라 부릅니다.

전생의 삶을 알고 천상과 지옥을 보며
태어남의 소멸을 증득한 분
그를 나는 바라문이라 부릅니다.

세상의 이름이나 성은 개념의 표현이니
그때마다 생기는 통상의 관습들이(sammuccā)

여기저기 알려지는 것입니다.

모르는 사람에게 편견이 오랜 세월 잠재되니
모르는 사람은 '출생에 의해서 바라문이 된다.'라고 말합니다.

출생에 의해 바라문이 되는 것이 아니며,
출생에 의해 바라문이 아닌 자가 되는 것이 아니라,
행위로 인해 바라문인 자가 되기도 하고,
행위로 인해 바라문이 아닌 자도 되는 것입니다.

행위에 의해 농부가 되고
행위에 의해 기술자가 되며
행위로 인해 상인이 되고
또한 행위로 인해 고용인이 됩니다.

행위에 의해 도둑이 되고
행위에 의해 무사가 되며

행위로 인해 제관이 되고
또한 행위로 인해 왕이 됩니다.

현자들은 이와 같이
있는 그대로 그 행위를 봅니다.
그들은 조건 따라 일어남을 보는 자로서
행위와 그 과보를 잘 알고 있습니다.

세상은 행위로 말미암아 존재하며
인간들도 행위로 인해서 존재합니다.
중생들은 달리는 수레가 축에 연결되어 있듯이
행위에 매여 있습니다.

고행과 청정범행과 감관의 제어와 자제로 인해
이것으로 바라문이 됩니다.
이것이 으뜸가는 바라문입니다.

세 가지 명지를 갖추고,

다시 태어남을 부숴버린 이가
범천이며 제석천임을 명심하십시오.
와셋타여, 이와 같이 알기를 바랍니다."

이처럼 말씀하자 바라문 청년 와셋타와 바라드와자는 세존께 이와 같이 말씀드렸다.

"존경하는 고따마님, 훌륭하십니다. 존경하는 고따마님, 훌륭하십니다. 존경하는 고따마님, 마치 넘어진 것을 일으켜 세우듯이, 가려진 것을 열어 보이듯이, 어리석은 자에게 길을 가리켜 주듯이, 눈을 가진 자는 형상을 보라고 어둠 속에 등불을 들어 올리듯이, 존경하는 고따마님께서는 이와 같이 여러 가지 방법으로 진리를 밝혀 주셨습니다.

이제 존경하는 고따마님께 귀의합니다. 또한 그 가르침에 귀의합니다. 또한 그 비구 승가에 귀의합니다.

존경하는 고따마님께서는 저희들을 재가 신자로 받아주십시오. 오늘부터 목숨 바쳐 귀의하겠습니다."

2

∷

『불설 장아함경』의 「세기경」의 눈먼 이의 비유

그때에 세존은 모든 비구에게 말씀하셨다.

"옛날에 경면(鏡面)이라는 이름을 가진 왕이 있었다. 때에 태어나면서부터 눈먼 이들이 한 곳에 모여 있었다. 왕이 그들에게 말했다.

'그대들 태어나면서부터 눈먼 이들이여, 그대들은 어떻게 코끼리를 아는가?'

그들이 대답했다.

'대왕이시여, 우리는 코끼리를 분별하지 못합니다. 알지 못합니다.'

왕이 또 말했다. '그대들은 그 형상을 알고자 하는가?'

그들은 대답했다. '알고자 합니다.'

때에 왕은 곧 시자에게 명령하여 코끼리를 끌고 오게 하고 여러 눈먼 이들에게 손으로 어루만져 보게 했다. 그 중에는 코끼리를 만지다가 코를 만진 자가 있었다. 왕은 '이것이 코끼리다'라고 말했다.

혹은 코끼리의 이빨을 만진 자도 있고 혹은 코끼리의 머리를 만진 자도 있고 혹은 코끼리의 등을 만진 자도 있고 혹은 코끼리의 배를 만진 자도 있고 혹은 코끼리의 넓적다리를 만진 자도 있고 혹은 코끼리의 장딴지를 만진 자도 있고 혹은 코끼리의 발자국을 만진 자도 있고 혹은 코끼리의 꼬리를 만진 자도 있었다. 왕은 그들 각각에게 '이것이 코끼리다'라고 말했다.

그때에 경면왕은 그 코끼리를 물리치고 눈먼 이들에게 물었다.

'코끼리는 어떻던가?'

모든 눈먼 이들로서 코끼리의 코를 만진 자는 '코끼리는 굽은 멍에와 같다'고 했다.

코끼리의 이빨을 만진 자는 '코끼리는 절구공이와 같다'고 했다.

코끼리의 귀를 만진 자는 '코끼리는 키와 같다'고 했다.

코끼리의 머리를 만진 자는 '코끼리는 솥과 같다'고 했다.

코끼리의 등을 만진 자는 '코끼리는 언덕과 같다'고 했다.

코끼리의 배를 만진 자는 '코끼리는 벽과 같다'고 했다.

코끼리의 넓적다리를 만진 자는 '코끼리는 나무와 같다'고 했다.

코끼리의 장딴지를 만진 자는 '코끼리는 기둥과 같다'고 했다.

코끼리의 발을 만진 자는 '코끼리는 호박과 같다'고 했다.

코끼리의 꼬리를 만진 자는 '코끼리는 밧줄과 같다'고 하여 각각 서로 다투고 서로 시비하면서 '내 말이 옳다. 네 말은 그르다'고 하였다. 시비가 그치지 않아 드디어 다투기에 이르렀다. 때에 왕이 이것을 보고 환희하여 크게 웃었다.

그때에 경면왕은 곧 게송으로써 말씀했다.

모든 눈먼 이의 무리들은
이에 서로 다투어 싸움하네.
코끼리의 몸뚱이 원래 하나인데
다른 생각으로써 시비를 하네."

부처님은 비구들에게 말씀하셨다.

"모든 외도(外道)의 이학(理學)들도 또한 이와 같다. 고제(苦諦)를 모르고 집제(集諦)·멸제(滅諦)·도제(道諦)를 모른다. 각각 다른 소견을 내어 서로 다투어 시비하면서 자기가 옳다 하여 싸움을 일으킨다.

만일 사문, 바라문으로서 능히 실다이 고성제(苦聖諦), 고집성제(苦集聖諦), 고멸성제(苦滅聖諦), 고출요제(苦出要諦)를 안다면 그들은 스스로 생각하여 잘 화합할 것이다. 동일한 받음, 동일한 스승, 동일한 물과 기름, 치연(熾然)히 불법에 안락하게 길이 머무를 것이다.

그때에 세존은 게송으로써 말씀하셨다.

만일 사람이 괴로움을 모르고
괴로움이 일어나는 원인을 모르고
또한 다시 그 괴로움이
멸해서 다할 수 있을 곳을 모르고
또한 다시 그 괴로움의 원인을
멸하여 없애는 길을 모르면
마음의 해탈을 잃을 것이요,
지혜의 해탈도 잃을 것이요,
괴로움의 근본인 생, 노, 병사의
그 근원을 다할 수 없을 것이다.

만일 능히 분명히 괴로움 알고
괴로움이 일어나는 원인을 알고
또한 능히 그 괴로움을
멸하여 없앨 수 있는 것을 알고
또 능히 괴로움의 원인을

멸하는 성도(聖道)를 분별한다면
곧 마음의 해탈을 얻고
지혜의 해탈도 얻을 것이다.

이 사람은 능히 고음(苦陰)의 근본을
마지막 끝간 데까지 환히 깨달아
생·노·병·사와
존재의 근원을 다해 없애리.

모든 비구들이여, 그리하여 너희들은 마땅히 부지런히 방편하여 고성제(苦聖諦)·고집성제(苦集聖諦)·고멸성제(苦滅聖諦)·고출요제(苦出要諦)를 생각하라."

미주

1) 그 중에 『디가 니까야』의 「수바경」은 세존의 반열반 후 아난다 존자와 바라문 청년 수바가 세존의 가르침 전반에 대하여 나눈 대화로 세존께서 아잣타삿투 왕에게 설하신 『디가 니까야』의 「사문과경」과 비교하여 읽어보면 더욱 소중할 것입니다. 이외에도 『수따니빠따』 「도피안품」의 '또데야 청년의 물음(todeyyamāṇavapucchā)'이 있습니다. 이 경은 바와리(Bāvarī)의 제자인 또데야라는 바라문 청년이 세존께 질문하는 내용을 담은 경전이므로 바라문 청년 수바와는 다른 인물입니다. 바라문 청년 또데야는 나중에 아라한과를 증득합니다.
2) 각묵 스님 『디가 니까야 1』, p.271
3) 이 단어에 대한 해석은 현재 각묵 스님과 전재성 박사의 번역이 각각 다른데 각묵 스님은 '결실'로, 전재성 박사는 '과보'로 번역하고 있습니다.
4) ñāyaṃ dhammaṃ kusalanti sahavipassanakaṃ maggaṃ. 『앙굿따라 니까야』 「평등한 마음 품(samacittavaggo; AN 2.33-42)」

5) ñāyaṃ dhammaṃ kusalanti kāraṇabhūtaṃ anavajjaṭṭhena kusalaṃ dhammaṃ. 「sandakasuttavaṇṇanā」, ñāyaṃ dhammanti kāraṇadhammaṃ. kusalanti anavajjaṃ. 「subhasuttavaṇṇanā」

6) ñāyassa adhigamāyāti ñāyo vuccati ariyo aṭṭhaṅgiko maggo「mahāsatipaṭṭhānasuttavaṇṇanā」

7) Vism, p.437

8) paṭi, p.1

9) paṭi, p.1

10) Vism, p.693

11) 강승회(康僧會;?~280년)는 중국 삼국시대 오나라의 역경승으로 강거(康居; 중앙아시아 킬기스 평원 일대)에서 태어나 성장하다 상인이었던 부친이 교지(交趾; 광서성 오주 일대)로 주거를 옮기면서 교지에서 학문을 배웠다. '강(康)'이라는 성이 붙은 것은 강승회가 강거 출신임을 나타내는 것이다. 『육도집경』, 『불설장아함경』 등을 번역했으며, 『안반수의경』, 『법경경』, 『도수경(지겸 역)』 등의 주석서를 집필했다.

12) 『불설장아함경』 제 18권 제 4분 「세기경(世紀經) 용조품(龍鳥品)」 제 5

13) D i , p.79

so evaṃ samāhite citte parisuddhe pariyodāte anaṅgaṇe vigatūpakkilese mudubhūte kammaniye ṭhite āneñjappatte cetopariyañāṇāya cittaṃ abhinīharati abhininnāmeti. so parasattānaṃ parapuggalānaṃ cetasā ceto paricca pajānāti

14) 경전에서는 신통에 대한 토대로 삼매를 이야기하고 있으며 특별히 그 증장 방법으로 '신통변화의 발판(iddhipāda; 如意足)'을 들고 있으며 「저 언덕 경(apārasutta; S 51.1)」이 대표적인 경전입니다.

"비구들이여, 네 가지 신통변화의 발판을 증장시키고 많이 실천하면 이 언덕에서 저 언덕으로 건너가게 된다. 무엇이 넷인가?"

"비구들이여, 여기 비구는 열의의 삼매로 노력하여 형성되며 구족된 신통변화의 발판을 증장한다. 정진의 삼매로 노력하여 형성되며 구족된 신통변화의 발판을 증장한다. 마음의 삼매로 노력하여 형성되며 구족된 신통변화의 발판을 증장한다. 조사 분석(vīmaṃsa)의 삼매로 노력하여 형성되며 구족된 신통변화의 발판을 증장한다."

"비구들이여, 이러한 네 가지 신통변화의 발판을 게을리 하는 사람들은 누구든지 괴로움의 멸진으로 바르게 인도하는 성스러운 도를 게을리 하는 것이다. 비구들이여, 이러한 네 가지 신통변화의 발판을 열심히 실천하는 자들은 누구든지 괴로움의 멸진으로 바르게 인도하는 성스러운 도를 열심히 실천하는 것이다."

"비구들이여, 이러한 네 가지 신통변화의 발판을 증장시키고 많이 실천하면 이 언덕에서 저 언덕으로 건너감으로 이끌린다.(Sv, p.254)"

조사 분석(vīmaṃsa)으로 번역한 'vīmaṃsa'는 검증, 조사로 번역되며 PED는 ' [Vedic mīmāŋsate, Desid. of man. The P. form arose through dissimilation m>v, cp. Geiger P.Gr. 46, 4] "to try to think," to consider, examine find out, investigate, test, trace, think over'로 설명합니다. 적절히 표현하기 힘든 단어 중의 하나로서 저는 '조사 분석'으로 번역하였습니다.

15) Vism, p.409

16) 「암밧타경(Ambaṭṭha sutta; D 3)」, 「삼명경(tevijjasutta; D 13)」, 「와셋타경(Vāsettha Sutta; Sutta Nipāta, M 98)」

17) 이미 출판된 『사띠빳타나 수행(민족사, 2018)』 p.152를 참고하십시오.

18) 『맛지마 니까야』의 「옷감 비유경(vatthasutta M7)」

19) Vism, p.140

20) 비구들이여, 여기 어떤 사문이나 바라문은 사유가요, 분석가이다. 그는 추론하고 분석을 계속 반복하여 스스로 이렇게 말한다. "자아와 세계는 영원하니 황량한 벌판과 같

고 산의 정상과 같고 성문의 기둥과 같이 견고하다. idha, bhikkhave, ekacco samaṇo vā brāhmaṇo vā takkī hotivīmaṃsī, so takkapariyāhataṃ vīmaṃsānucaritaṃ sayaṃ paṭibhānaṃ evamāha — 'sassato attā ca loko ca vañjho kūṭaṭṭho esikaṭṭhāyiṭṭhito." (D i , p.16)

21) Vism, p.142-143

22) Vib, p.257

23) Vism, p.143

24) D i , p.73

25) 희열은 작은 희열(khuddikāpīti), 순간적인 희열(khaṇikāpīti), 반복되는 희열(okkantikāpīti), 분출의 희열(ubbegāpīti), 가득 찬 희열(pharaṇāpīti)의 다섯 종류로 나눌 수 있습니다.

① 작은 희열; 몸의 털이 일어나거나 살갗에 경련이 일어나거나 눈물이 납니다.

② 순간적인 희열; 번개와도 같은 순간적인 희열로 몸 전체를 관통하는 물결과도 같이 옵니다. 전율이 오지만 지속되는 충격을 남기지는 않으며 오래 지속되지 않습니다.

③ 반복되는 희열; 머리에서 발끝까지 오르내리기도 하며 몸의 일부 또는 몸 전체에 진동이 반복적으로 일어납니다.

④ 분출하는 희열; 몸을 들어 올리는 정도의 희열로, 몸의 일부, 손, 다리가 움직이고 몸이 저절로 흔들리거나 공중으로 뛰어 오르기도 합니다.

⑤ 가득 찬 희열; 그것은 몸 전체를 희열로 가득 채우는 것으로, 마치 가득 찬 공기주머니, 큰 홍수로 물이 넘치는 동굴과도 같습니다. 그것은 본 삼매의 근원이며, 삼매와 함께 성장합니다. 솜에 기름이 스며들 듯이 온몸에 완전히 기쁨이 스며듦, 온몸이 평온으로 충만함, 그 순간 어떠한 행위도 할 수 없고 눈조차 깜빡거릴 수 없는 정도의 희열입니다.

26) M i , p.276

27) Vism, p.85

28) MA ii, p.725 『맛지마 니까야』의 주석서에서는 라타빨라 테라가 다시 집을 찾은 세월은 출가한 지 12년 후라고 하고, 그 시간 동안 침대에서 잠을 잔 적이 없다고 합니다.

29) M i , p.360

30) M i , p.298

31) D.i, p.207

32) Sn, p.10

okkhittacakkhū na ca pādalolo, guttindriyo rakkhitamānasāno.

anavassuto apariḍayhamāno, eko care khaggavisāṇakappo.

33) Siv, p.73

34) Vism, p.462

35) Sv, p.151

36) Siv, p.269

37) '보답을 바라지 않고'로 번역한 원문은 'payatapāṇi'인데 원문의 의미는 '손이 깨끗하다'라는 뜻입니다. 알기 쉽게 의역하였습니다.
38) S.v, p.395
39) S.v, p. 391
40) D.iii, pp.163, 251 ; A. iii, P.53 ;i, 5 ; and samp, A. i, p. 62 ; ii, p. 66 ; ii, p. 53 ; iv, p. 221 etc.
41) Vism, p. 184
42) S.v, p. 351, 391
43) S. i , p. 215 ; Sn. v. 188
44) Sn. v. 187
45) S. i , p. 231 f.; S.iv, p, 250 ; S.v, p. 369-70 ; A.iii, p. 44, 80
46) S.v, p. 369-70
47) S.v, p.351
48) S.v, p.395 ; A.iii, p. 287 ; Vism, p. 184
49) PED, love, amity, sympathy, friendliness, active interest in others.
50) Sn. p.12

    73. mettaṃ upekkhaṃ karuṇaṃ vimuttiṃ, āsevamāno muditañca kāle.

    sabbena lokena avirujjhamāno, eko care khaggavisāṇakappo
51) MA.i, p.90; AA.i, p.308

바라문 자눗소니는 경전 여러 곳에서 다양한 주제로 세존께 가르침을 청합니다. 그 주제는 행위의 결과(Ai56), sanditthaka-nibbána (Ai157), 삼명과 브라만(tevijja-brahmins; Ai166), 두려움 없는 죽음(A.ii.173), 다양한 계층의 이상 (A.iii.362), 진정한 청정(A.iv.54), 하강 의식(Av233ff., 249ff), 영원과 단절(S.ii, 76), 두려움과 공포 (Bhayabherava Sutta; M.i.16ff) 등입니다.

52) Sv, p.4f; cp. M.i. p.175 및 ii. p.208

53) A.v, p.269ff

54)「와셋타경」은 『수따니빠따(KN 5.35)』와 『맛지마 니까야(M 98)』에 똑같이 일치하는 경전으로 등재되어 있습니다. 두 바라문 청년의 '바라문'에 대한 질문에 대한 세존의 답변이 길게 서술되고 있습니다. 이들 두 바라문 청년은「와셋타경」이외에 『디가 니까야』의 「삼명경(D13)」, 「악간냐경(D27)」에도 등장하는 데, 당시 바라문 사회를 이해하는 데 도움을 많이 주는 인물들입니다. 이들은 모두 세존께 출가하여 아라한과를 증득합니다.

붓다와 청년의 대화

– 벗어남의 희열에 대하여

초판 1쇄 인쇄 | 2020년 1월 10일
초판 1쇄 발행 | 2020년 1월 15일

역해 | 우 감비라냐나

펴낸이 | 윤재승
펴낸곳 | 민족사

주간 | 사기순
기획편집팀 | 사기순, 최윤영
영업관리팀 | 김세정

출판등록 | 1980년 5월 9일 제1-149호
주소 | 서울 종로구 삼봉로 81 두산위브파빌리온 1131호
전화 | 02)732-2403, 2404 팩스 | 02)739-7565
홈페이지 | www.minjoksa.org
페이스북 | www.facebook.com/minjoksa
이메일 | minjoksabook@naver.com

ISBN 979-11-89269-45-6 03220

※책값은 뒤표지에 있습니다. 잘못된 책은 바꿔 드립니다.